Allgemeines Staatsrecht und Bundesstaatsrecht

von

Dipl. Komm. Josef Pütz †

Gemeindedirektor

Dozent an der Verwaltungsschule Düren

12. Auflage

Überarbeitet von

Dipl. Komm. Günter Pütz

ERICH SCHMIDT VERLAG

ISBN 3 503 02399 2

12., überarbeitete Auflage 1984

Druck: Loibl, Neuburg/Donau

Vorwort

Mehr denn je benötigt die Verwaltung heute einen fachlich gut ausgebildeten Nachwuchs. Die Verwaltung ist zum Teil noch mit Angehörigen fremder Berufe besetzt, die keinerlei Ausbildung für den Verwaltungsdienst genossen haben. Hinzu kommt, daß die Ausbildung der vor dem Krieg in der Verwaltung beschäftigten Dienstkräfte durch die langen Kriegsjahre eine Unterbrechung erfahren hat, die es nachzuholen gilt. Es darf nicht sein, daß durch das Fehlen der erforderlichen Fachkräfte die Arbeit der Verwaltung irgendwie gehemmt wird. Das vorliegende Werk ist für die Schulung der Behördenbediensteten gedacht. Es soll den jungen Dienstkräften dazu dienen, sich ein Grundwissen auf dem Gebiet des allgemeinen Staatsrechts anzueignen; vor allen Dingen hat es die Aufgabe, die Arbeit an den Verwaltungsschulen zu unterstützen und zu erleichtern. Darüber hinaus soll es aber auch für die bereits fachlich ausgebildeten Beamten und Angestellten ein Nachschlagewerk sein.

Zunächst sollte dieses Werk nur das Allgemeine Staatsrecht umfassen. Nach Bildung der Bundesrepublik Deutschland erschien es zweckmäßig, noch einen Zweiten Teil „Bundesstaatsrecht" hinzuzufügen.

Der Verfasser

Vorwort zur 2. Auflage

Die inzwischen eingetretenen rechtlichen Änderungen machten eine Überarbeitung und geringfügige Umgestaltung des Leitfadens erforderlich.

Drei neu eingefügte Schaubilder sollen das Gesetzgebungsverfahren nach dem „Bonner Grundgesetz" veranschaulichen.

Josef Pütz

Vorwort zur 3. Auflage

Durch mehrere Grundgesetzänderungen und die übrige umfangreiche Gesetzgebung des zweiten Bundestages erwies es sich als notwendig, den Zweiten Teil „Bundesstaatsrecht" erneut zu überarbeiten. Er wurde vor allem unter Berücksichtigung der Wehrgesetzgebung und der Verteilung des Steueraufkommens auf den neuesten Stand gebracht.

Düren, im Januar 1958 Josef Pütz

Vorwort zur 4., 5. und 6. Auflage

Auch für diese Auflagen wurde der Leitfaden überarbeitet und auf den jetzigen Stand der Gesetzgebung gebracht.

Nörvenich, März 1963, September 1964, Januar 1967 Josef Pütz

Vorwort zur 7. und 8. Auflage

Zahlreiche Änderungen und Ergänzungen des Grundgesetzes (so vor allem die Notstands- und Finanzreformgesetzgebung) machten eine Überarbeitung des Zweiten Teiles des Leitfadens erforderlich. Ein neuer Paragraph „Der Verteidigungsfall" wurde angefügt.

Nörvenich, Januar 1970 / April 1971 Josef Pütz

Vorwort zur 9. Auflage

Der Verfasser des Leitfadens, Josef Pütz, ist im vergangenen Jahr gestorben. Im Einvernehmen mit dem Verlag habe ich die Weiterführung der Schrift übernommen. Die vorliegende Auflage entspricht dem derzeitigen Stand der Gesetzgebung.

Düren, Januar 1973 Günter Pütz

Vorwort zur 10., 11. und 12. Auflage

Nach Überarbeitung entspricht die neue Auflage dem heutigen Stand der Gesetzgebung.

Düren, Februar 1974 / November 1977 / Januar 1984 Günter Pütz

Inhalt

Erster Teil: Allgemeines Staatsrecht

Seite

Zweiter Teil: Bundesstaatsrecht

Seite

Seite

Seite

ERSTER TEIL

Allgemeines Staatsrecht

§ 1. Begriff des Staatsrechts

I. Allgemeines

Das **Staatsrecht** stellt einen **Teil der allgemeinen Rechtsordnung** dar, nach der sich das Leben innerhalb eines Staatsverbandes vollzieht. Es umfaßt die **Rechtsnormen,** die die **Einrichtungen** und die **Tätigkeit des Staates** sowie das **Verhältnis zwischen dem Staat und seinen Angehörigen** betreffen. Daher hat man unter Staatsrecht **nicht alle** Rechtsnormen zu verstehen, die in einem Staat Geltung haben, sondern nur einen **bestimmten Teil** der Normen des **öffentlichen Rechts.**

Das Staatsrecht wird in

allgemeines Staatsrecht und
besonderes Staatsrecht

geschieden.

Das **allgemeine Staatsrecht** gibt eine **Übersicht** über die **Erscheinungsformen** und **Einrichtungen eines Staates,** die für **alle Staaten** in **mehr oder weniger großem Maße gemeinsam** gelten (z. B. Staatsformen, rechtliche Stellung der Bürger im Staat).

Das **besondere Staatsrecht** umfaßt alle verfassungsrechtlichen Normen, die in einem **bestimmten Staat** (z. B. Deutschland) zu einer **bestimmten Zeit** (z. B. heute) Geltung haben. Es ist im Gegensatz zum allgemeinen Staatsrecht **positives,** d. h. geltendes Recht.

Man unterscheidet weiter zwischen Staatsrecht im **weiteren** und Staatsrecht im **engeren** Sinne.

Das Staatsrecht im **weiteren** Sinne umfaßt das **Verfassungs- und Verwaltungsrecht,** während man unter Staatsrecht im **engeren** Sinne nur die Normen des **Verfassungsrechtes** zu verstehen hat.

II. Verfassungs- und Verwaltungsrecht

1. Verfassungsrecht

Das Verfassungsrecht regelt die Organisation des Staates, die Tätigkeit der obersten Staatsorgane und das rechtliche Verhältnis zwischen Staat und Bürgern.

Zum **formellen** Verfassungsrecht gehören nur die **Bestimmungen,** die in der **Verfassungsurkunde,** der rechtlichen Grundordnung des Staates, gegeben sind, während zum **materiellen** Verfassungsrecht nicht nur die in der Verfassungsurkunde enthaltenen Bestimmungen gehören, sondern auch die Vorschriften, die zur unmittelbaren Ausführung der Verfassungsurkunde erlassen worden sind und ihrem **Inhalt** nach **Verfassungsrecht** darstellen (z. B. Wahlgesetze usw.)

Das **materielle Verfassungsrecht** umfaßt:

a) **Vorschriften über die Bestellung der obersten Staatsorgane**

(z. B. Vorschriften darüber, wie das **Staatsoberhaupt** bestimmt wird (Wahl des Präsidenten, Thronfolge), Bestimmungen über **Wahl** und **Zusammensetzung** der **Volksvertretung** sowie über die **Bestellung der Regierung**),

b) **Vorschriften über die Funktionen dieser obersten staatlichen Organe,**

c) **Bestimmungen über die Ausübung der staatlichen Funktionen**

(wie **Gesetzgebungsverfahren**, Bestimmungen über die **Tätigkeit** der **Verwaltung** und der **Rechtsprechung**),

d) **Vorschriften über die rechtliche Stellung der Staatsbürger**

(wie Erwerb und Verlust der **Staatsangehörigkeit**, Festsetzung der **politischen Rechte** und der **Grundrechte** des Staatsbürgers).

2. Verwaltungsrecht

Das **Verwaltungsrecht** umfaßt die **Rechtsnormen**, die **für die Tätigkeit der Behörden** der **Staatsverwaltung** und der **öffentlich-rechtlichen Körperschaften** im Staat gegeben sind. Während das **Verfassungsrecht** den Staat gleichsam in **ruhendem** Zustand darstellt, zeigt das **Verwaltungsrecht** den Staat in der **Bewegung**, bei seiner Tätigkeit.

§ 2. Begriff des Staates

Man spricht von einem Staat, wenn eine Vielheit von Menschen auf einem begrenzten Teil der Erdoberfläche unter einer souveränen Gewalt zusammengeschlossen ist.

Zur Erfüllung des Staatsbegriffes müssen also folgende Elemente vorhanden sein:

1. **Staatsvolk** (die Vielheit von Menschen),
2. **Staatsgebiet** (der begrenzte Teil der Erdoberfläche),
3. **Staatsgewalt** (die Obrigkeit, die Staatsvolk und Staatsgebiet zusammenfaßt).

Die Vielheit von Menschen in einem Staat ist aber nicht nur allein eine Summe von Individuen, sondern diese Vielheit ist zu einem **Ganzen** verbunden: zum **Staatsvolk.**

Die Begriffe **„Staatsvolk"** und **„Nation"** sind **nicht identisch.** Unter **„Nation"** versteht man lediglich die **Summe von Menschen,** die sich **ihrer Einheit infolge ihrer Eigenart bewußt ist,** bedingt durch **gemeinsame Abstammung, Sprache, Sitte** usw. Es gibt Staaten, deren Bevölkerung ausschließlich zu einer Nation gehört. Aber nur selten fallen Nation und Staat zusammen. Weit **häufiger** vereinigen Staaten Angehörige verschiedener Nationalitäten in sich (z. B. die Schweiz und die Vereinigten Staaten von Nordamerika).

Zum persönlichen Element (Staatsvolk) kommt das dingliche Element **(Staatsgebiet).** Wie ohne Staatsvolk der Staatsbegriff nicht erfüllt ist, so auch nicht ohne Staatsgebiet. Ohne Staatsgebiet kann zwar eine staatenähnliche Organisation gegeben sein, aber kein Staat. Aus diesem Grunde sind z. B. die katholische Kirche oder ein Nomadenstamm keine Staaten, obwohl sie die übrigen Begriffsmerkmale des Staates (Vielheit von Menschen und souveräne Gewalt) besitzen.

Hinzu kommt aber noch ein Drittes: die **Staatsgewalt.** Jeder soziale Verband hat eine ordnende und leitende Gewalt. In gleicher Weise wird auch der Staat durch das Aktivwerden eines Willens geleitet. Diese **staatliche Willensmacht** bezeichnet man als **Staatsgewalt.**

Es besteht aber ein wesentlicher Unterschied zwischen der Staatsgewalt und der leitenden und ordnenden Gewalt anderer Verbände. Diese haben zwar das Recht, für den Kreis ihrer Verbandsmitglieder Anordnungen zu treffen und auch einen gewissen Zwang auszuüben, aber diese Bindung und dieser Zwang dauern nur so lange, als die Mitglieder des Verbandes es wollen, als sie Angehörige des Verbandes sind. Der Verband kann seine Mitglieder gegen ihren Willen nicht halten.

Die Staatsgewalt dagegen ist nicht nur imstande, **Anordnungen** zu treffen, sondern sie kann auch die **Befolgung** dieser Anordnungen **erzwingen.** Die Staatsgewalt ist Herrschaft, d. h. **Befehls- und Zwangsgewalt.** Der Staatsangehörige unterliegt der staatlichen Gewalt nicht nur im **Inland,** sondern auch beim Aufenthalt im **Ausland** (**Personalhoheit** des Staates). Auf der anderen Seite ist der Staatsfremde (der Ausländer oder Staatenlose) durch den bloßen Aufenthalt im Staatsgebiet der Staatsgewalt unterworfen (**Gebietshoheit** des Staates).

Die Bezeichnung **„Staat"**, die dem Altertum (imperium, res publica) wie auch dem Mittelalter (regnum, imperium) fremd war, läßt sich zum erstenmal in Italien (stato gleich Verfassung, Ordnung) zu Beginn des 15. Jahrhunderts nachweisen. Sie wurde von dem florentinischen Gelehrten und Staatsmann **Machiavelli** (1469 bis 1527) in das Schrifttum eingeführt. Über Frankreich (état) kam sie nach England (state) und dann nach Deutschland, wo sie gegen Ende des 18. Jahrhunderts Fuß faßte.

§ 3. Aufgaben des Staates

Die von einem Staat durchzuführenden **Aufgaben** prägen seinen **besonderen Charakter.** Welcher **Art** diese Aufgaben sind und welchen **Um-**

fang sie haben, **bestimmt** sich nach den jeweiligen **politischen Anschauungen** und **Überzeugungen.** Aus diesem Grund sind die staatlichen Aufgaben nicht für alle Staaten und für alle Zeiten die gleichen, sondern **wandelbar.** Im Laufe der Geschichte ist ein ständiger Wechsel der Staatszwecke und damit der Staatsaufgaben zu erkennen.

Der **Zweck** eines **jeden Staates** ist die **Förderung des Gemeinwohles,** des Wohles aller Angehörigen des Staates. Hieraus ergeben sich **allgemeingültige Grundaufgaben des Staates:**

I. Schutz nach außen,
II. Aufrechterhaltung der Sicherheit und Ordnung im Innern,
III. Pflege von Wohlfahrt und Kultur.

I. Schutz nach außen

Der Staat hat seinen Angehörigen **Schutz** gegen gewaltsame fremde Eingriffe zu gewähren, denn sonst läßt sich der Staatszweck nicht verwirklichen. Zur Aufrechterhaltung des äußeren Friedens bedarf der Staat der Macht. Nur durch Macht kann er sich gegenüber anderen Staaten behaupten und seine Unabhängigkeit wahren. Diese Macht darf aber nicht mißbraucht werden. Sie ist nicht dazu da, um Eroberungsplänen zu dienen, sondern **nur, um den Frieden aufrecht zu erhalten** und damit dem Staatsvolk Ruhe und Sicherheit zu gewährleisten. Der Staat hat andere Staatswesen unangetastet zu lassen; er ist nur ein **Glied** in der **Staaten- und Völkergemeinschaft.**

II. Aufrechterhaltung der Sicherheit und Ordnung im Innern

Das Leben innerhalb des Staates ist nicht denkbar ohne **Sicherheit** und **Ordnung.** Voraussetzung hierfür sind **Vorschriften,** die die **Lebensbeziehungen** der **Staatsangehörigen untereinander** und **des einzelnen zum Staat** regeln. Der Staat hat aber nicht nur im Wege der Gesetzgebung allgemein verbindliche Rechtsnormen zu setzen, er hat auch die objektive Rechtsordnung und die subjektiven Rechte der einzelnen zu **schützen.** Er wendet durch die **rechtsprechenden Organe** die Rechtssätze auf den einzelnen Fall an und erklärt, was recht ist. Schließlich hat der Staat die **Befolgung** seiner Anweisungen durch staatliche **Zwangsmittel** sicherzustellen.

III. Pflege von Wohlfahrt und Kultur

Um den Staatszweck zu verwirklichen, muß sich der Staat auch der Hilfsbedürftigen in erhöhtem Maße annehmen, denn der Staat ist nicht nur Rechtsstaat, sondern auch **Wohlfahrtsstaat** (Fürsorge für Arme, Kranke usw.). Der Staat ist heute aber auch **Kulturstaat.** Er hat die kulturellen Aufgaben im Staat zu fördern und zu unterstützen (Schaffung und Unterhaltung von Verkehrseinrichtungen und Bildungsanstalten, Pflege des Gesundheitswesens usw.).

§ 4. Elemente des Staates

I. Staatsvolk

Unter **Staatsvolk** hat man die **Summe der Mitglieder eines Staates** zu verstehen, also alle Menschen, die mit dem Staat durch das rechtliche Band der **Staatsangehörigkeit** verbunden sind.

1. Staatsangehörigkeit

Unter **Staatsangehörigkeit** versteht man die **staatsrechtlichen Beziehungen zwischen dem Staat und dem Staatsangehörigen.**

Der Staatsangehörige hat auf der einen Seite **Anspruch** auf die ihm zustehenden **Rechte** (z. B. Wohn- und Aufenthaltsrecht, Wahl- und Stimmrecht, Anspruch auf diplomatischen Schutz im Ausland, Recht auf Mitbenutzung der öffentlichen Einrichtungen usw.), auf der anderen Seite hat er aber als Objekt der Staatsherrschaft auch **Pflichten im Rahmen der bestehenden Gesetze** (z. B. Meldepflicht, Steuerpflicht usw.). Er hat den gesetzmäßigen Geboten des Staates Folge zu leisten. Der Staat kann die Befolgung seiner Rechtssätze mit staatlichen Zwangsmitteln durchsetzen.

Aber nicht nur Staatsangehörige unterliegen der staatlichen Herrschaft, sondern auf Grund der Gebietshoheit des Staates auch Ausländer und Staatenlose, solange diese sich innerhalb der Staatsgrenzen aufhalten.

Die Rechte und Pflichten der Staatsangehörigen werden vom Staat einseitig durch **Gesetz** bestimmt.

Die **Bestimmungen** über **Erwerb** und **Verlust der Staatsangehörigkeit** sind in den einzelnen Staaten unterschiedlich gestaltet.

Die Regelung des Erwerbs der Staatsangehörigkeit beruht auf bestimmten Grundsätzen. So wird die Staatsangehörigkeit **erworben**

a) entweder nach dem **Personalitätsprinzip,**

   d. h. die Staatsangehörigkeit richtet sich nach der natürlichen Zugehörigkeit zum Staatsvolk durch Abstammung oder

b) nach dem **Territorialprinzip,**

   d. h. entscheidend für den Erwerb der Staatsangehörigkeit sind Geburtsort oder Wohnort ohne Rücksicht auf die Abstammung.

Es gibt allerdings auch Staaten, in deren Rechtsordnungen eine **Kombination beider Prinzipien** zu finden ist.

Wenn in einem Staat das **Personalitätsprinzip** gilt, erhalten die Kinder die Staatsangehörigkeit ihrer Eltern (d. h. eheliche Kinder erwerben die Staatsangehörigkeit des Vaters, uneheliche die der Mutter). Der Geburtsort ist unbedeutend. Ein weiterer Erwerbsgrund ist die Legitimation (das landesfremde uneheliche Kind erwirbt die Staatsangehörigkeit des Vaters, wenn es von ihm legitimiert wird).

Daneben spielt vielfach noch der **Grundsatz der Wahrung der Familieneinheit** eine Rolle (die Frau erwirbt mit der Eheschließung die Staatsangehörigkeit des Mannes), wenn auch dieses Prinzip infolge der stärker werdenden Selbständigkeitsbestrebungen der Frauen immer mehr an Bedeutung verliert. Eine Reihe von Staaten kennt den Staatsangehörigkeitserwerbsgrund der Frau durch Eheschließung nicht; z. T. wurde er durch die neuere Gesetzgebung abgeschafft.

Neben diesen **automatischen** (natürlichen) Erwerbsgründen gibt es noch den Erwerb der Staatsangehörigkeit durch **staatlichen Verleihungsakt** (Naturalisation).

Das deutsche Rechtsdenken hat sich immer für das Personalitätsprinzip ausgesprochen. Der Erwerb der Staatsangehörigkeit nach Bodenrecht widerspricht der deutschen Staatsauffassung.

Nach dem **Territorialprinzip** wird Staatsangehöriger eines Staates, wer innerhalb seines Gebietes geboren wird. Auch Eheschließungsort und Wohnsitz sind für den Erwerb der Staatsangehörigkeit von Bedeutung.

Den Gegensatz zu den Staatsangehörigen bilden die **Staatenlosen,** die **keine** Staatsangehörigkeit besitzen, und die **Ausländer,** die sich im Gebiet eines Staates aufhalten, aber einem **anderen** Staat angehören.

Den Staatenlosen wie den Ausländern werden einzelne Rechte vom Staat gewährt, auf der anderen Seite werden sie aber auch in einzelne Pflichten genommen. Auch hier bestimmt der Staat einseitig durch Gesetz bzw. Rechtsverordnung.

Es kann vorkommen, daß jemand **mehrfache Staatsangehörigkeit** besitzt. Es liegt am einzelnen Staat, ob er sie anerkennt oder nicht.

Eine Staatsangehörigkeit **juristischer Personen** ist begrifflich **nicht** möglich. Ungeachtet dessen **unterscheidet** das moderne Völker- und Friedensvertragsrecht zwischen **inländischen** und **ausländischen juristischen Personen.**

Eine Rolle spielt diese Unterscheidung auf dem Gebiet des Rechts der Beschlagnahme und Liquidation sog. „feindlichen Eigentums". Hier ist es von großer Bedeutung, ob eine juristische Person als zum Staat gehörig, als neutral oder feindlich betrachtet wird.

2. Rechte der Staatsbürger

A) Politische Rechte

Die politischen Rechte sichern dem Staatsbürger die Teilnahme an der Bildung des Staatswillens.

Zu den politischen Rechten gehören

1. das **aktive** und **passive Wahlrecht,**
2. das **Stimmrecht** bei **Volksbegehren** und **Volksentscheid,**
3. das **Recht** zur **Bekleidung öffentlicher Ämter.**

1. Wahlrecht

Das **politische** oder parlamentarische **Wahlrecht** hat die **Aufgabe,** der gesamten Staatsbürgerschaft einen bestimmten **Anteil** an der **Staats-**

herrschaft zu gewährleisten. Das **Volk wählt** seine **Vertreter** in die Vertretungskörperschaften und wirkt so **mittelbar** an der **staatlichen Willensbildung mit.**

Das Wahlrecht umfaßt

a) das **aktive Wahlrecht,**
   d. h., das **Recht zu wählen,** und

b) das **passive Wahlrecht,**
   d. h., die **Fähigkeit, gewählt zu werden.**

Das **Wahlrecht** kann

a) **öffentlich** oder **geheim,**
b) **allgemein** oder **beschränkt,**
c) **direkt** (unmittelbar) oder **indirekt** (mittelbar),
d) **gleich** oder **ungleich** (abgestuft)

sein.

a) **Geheim** ist das Wahlrecht, wenn mit **verdeckten Stimmzetteln gewählt** wird.

b) Beim **allgemeinen Wahlrecht** sind **alle** Staatsbürger, die **bestimmte Voraussetzungen erfüllen** (wie Besitz der bürgerlichen Ehrenrechte, Erreichung eines bestimmten Alters usw.), **stimmberechtigt.**

   Im Gegensatz zum allgemeinen Wahlrecht erkennt das **beschränkte** Wahlrecht die Stimmberechtigung **nur** beim **Vorhandensein gewisser Befähigungen** bezüglich Schulbildung, Vermögen usw. zu.

c) Das Wahlrecht ist direkt, wenn die Wähler unmittelbar den Vertreter wählen. Beim **indirekten** Wahlrecht wählen die Wähler nicht unmittelbar den Abgeordneten, sondern zunächst **Vertrauensmänner,** die dann **ihrerseits die Wahl vornehmen.**

d) **Gleich** ist das Wahlrecht, wenn jede abgegebene Stimme **gleich bewertet** wird; **ungleich**, wenn eine **verschiedene Bewertung** der abgegebenen Stimmen stattfindet, indem das Stimmengewicht oder die Stimmenzahl des einzelnen Wählers mit Rücksicht auf Bildung, Steuerleistung usw. **abgestuft** ist.

Die Abgeordnetensitze werden entweder

a) nach dem **Grundsatz** der **Mehrheitswahl,**
b) nach dem **Grundsatz** der **Minderheitsvertretung** oder
c) nach dem **Grundsatz** der **Verhältniswahl**

verteilt.

a) **Grundsatz der Mehrheitswahl**

   Man unterscheidet absolute und relative Mehrheit. Bei der **absoluten** Mehrheitswahl ist gewählt, wer **mehr** als die **Hälfte** der **gültigen** Stimmen erhalten hat (z. B. 100 001 von 200 000).

Bei der Wahl mit **relativer** Mehrheit ist von mehreren Kandidaten derjenige gewählt, der die **meisten** Stimmen auf sich vereinigt (z. B. gilt A als gewählt, wenn er von 100000 abgegebenen Stimmen 40000 Stimmen erhalten hat, B und C jedoch nur 32000 bzw. 28000). Diese beiden Systeme können **miteinander verbunden** werden:

Der Wähler wählt einen Kandidaten und kann dabei einen weiteren Bewerber benennen. Wenn kein Kandidat die absolute Mehrheit erreicht, scheidet der Kandidat mit den geringsten Erststimmen aus. Seine Stimme mit der Bezeichnung eines zweiten Bewerbers wird diesem zugerechnet. Als gewählt gilt der Kandidat, der dann die Mehrheit besitzt **(Alternativstimme).**

b) **Grundsatz der Minderheitsvertretung**

Der Grundsatz der Minderheitsvertretung will auch den **Minderheiten** eine Vertretung im Parlament geben.

Systeme der Minderheitsvertretung sind

das **System der beschränkten Stimmengebung** (der Wähler darf nur für einen festgesetzten Teil der Vertreterzahl stimmen),

das **System der Stimmenhäufung** (der Wähler kann seine Stimmen **alle einem** Bewerber geben oder sie auf **mehrere Kandidaten verteilen**),

das **System der Rangordnungsziffer** (die dem Wähler zustehenden Stimmen unterliegen verschiedener Bewertung).

c) **Grundsatz der Verhältniswahl (Proportionalwahl)**

Die **Verhältniswahl** will die Abgeordnetensitze entsprechend dem **Stärkeverhältnis** der an der Wahl beteiligten Parteien verteilen. Man bezeichnet die Verhältniswahl auch als **Listenwahl,** weil bei ihr meist **Wahlvorschläge** oder **Vorschlagslisten** verwendet werden.

Bei der Listenwahl unterscheidet man

aa) **gebundene Listen**

(Durch dieses System wird die Wahl unpersönlich, da der Wähler bei der Stimmabgabe einem der Wahlvorschläge **folgen muß** und dadurch **weniger** die **Persönlichkeit** als die **Partei** wählt. Die Sitze werden innerhalb der Liste entsprechend der Reihenfolge der Kandidaten verteilt),

bb) **freie Listen**

(Bei diesem System kann der Wähler die **Reihenfolge** der Kandidaten **ändern** und für Kandidaten aus **verschiedenen** Listen stimmen),

cc) **verbundene Listen**

(bei diesem System werden zuerst die für die **Listengruppe** abgegebenen **Stimmen zusammengerechnet.** Die Listengruppe gilt bei der Sitzverteilung als **eine** Liste. Die **Verteilung** der auf die **Listengruppe** entfallenden Sitze geschieht **verhältnismäßig** auf die zur Gruppe gehörigen Listen).

Nach Abschluß der Wahl werden die Abgeordnetensitze auf die einzelnen Wahlvorschläge (Parteien) nach dem verhältnismäßigen Anteil der Parteistimmen an der Gesamtstimmenzahl verteilt.

Der **Verteilung** der Sitze wird als sog. **Wahlquotient** (Wahl- oder Verteilungszahl) die **Stimmenzahl** zugrunde gelegt, die zur **Erlangung eines Sitzes erforderlich** ist.

Von jedem **einzelnen** Wahlvorschlag sind **so viele Kandidaten** gewählt, als die **Verteilungszahl** in der für den Wahlvorschlag abgegebenen Stimmenzahl **enthalten** ist.

Der **Wahlquotient** kann vom Gesetzgeber von vornherein **festgelegt** sein **(automatisches System).** Bei diesem System hängt die Zahl der Abgeordnetensitze von der **Stärke der Wahlbeteiligung** ab, d. h. je mehr abgegebene Stimmen, desto mehr Sitze.

Z. B. bei einem festgelegten Wahlquotienten von 50 000 Stimmen sind bei einer Gesamtstimmenzahl von 10 Millionen **200** Abgeordnete gewählt, bei einer Gesamtstimmenzahl von 8 Millionen nur **160**.

Es kann auch so sein, daß die Verteilungszahl auf Grund des Wahlergebnisses **errechnet** wird **(bewegliches System).** Bei diesem System ist die **Anzahl** der **Abgeordnetensitze gesetzlich** festgelegt; die für die Erlangung eines Sitzes erforderliche Stimmenzahl ist also **schwankend.**

Z. B. beim System **Hare** (engl. Jurist; 1857) wird die Gesamtstimmenzahl durch die Zahl der zu vergebenden Sitze geteilt. Die so errechnete Zahl ist der Wahlquotient. Jeder Wahlvorschlag erhält so viele Sitze, als der Wahlquotient in der Stimmenzahl des Vorschlags enthalten ist. Die noch nicht vergebenen Sitze werden den Wahlvorschlägen mit den größten Resten zugewiesen.

Eine andere Möglichkeit für die Verteilung der auf die einzelnen Wahlvorschläge entfallenden Abgeordnetensitze bietet das **Höchstzahlverfahren** des belgischen Professors **d'Hondt.** Bei diesem System werden die für die einzelnen Wahlvorschläge abgegebenen Stimmen nacheinander durch 1, 2, 3, 4 usw. geteilt. Von den so ermittelten Zahlen werden die höchsten ausgesondert, und zwar so viele, als Sitze zu verteilen sind. Jede Partei erhält dann so viele Sitze, als Höchstzahlen auf sie entfallen.

2. Volksbegehren und Volksentscheid

Neben der **mittelbaren** Teilnahme der Staatsbürgerschaft an der Bildung des Staatswillens durch ihre Vertreter gibt es noch die **unmittelbare** Teilnahme in den Formen des **Volksbegehrens** und des **Volksentscheids.**

Unter **Volksbegehren** (Volksvorschlagsrecht, Volksverlangen) versteht man das **Recht der Staatsbürger, Gesetzentwürfe einzubringen** und hierüber durch die **Volksvertretung** oder durch **Volksabstimmung entscheiden** zu lassen.

Die Volksabstimmung, auch Referendum genannt, ist Ausdruck der reinen Demokratie.

Man unterscheidet zwischen

aa) **obligatorischem Referendum** (wenn Gesetzesbeschlüsse der Volksvertretung durch Volksabstimmung bestätigt werden **müssen**),

bb) **fakultativem Referendum** (wenn ein von der Volksvertretung beschlossenes Gesetz innerhalb einer bestimmten Frist von einer bestimmten Anzahl von Staatsbürgern zur Volksbefragung gebracht werden **kann**. Fällt die Volksabstimmung verneinend aus, so ist damit das von der gesetzgebenden Körperschaft beschlossene Gesetz hinfällig).

Eine Unterart des obligatorischen Referendums ist das **Verfassungsreferendum.** Beim Verfassungsreferendum ist nur für **Verfassungsänderungen** eine Bestätigung durch Volksbeschluß erforderlich.

B) Grundrechte

Die **Grundrechte sichern** dem **Staatsbürger** eine bestimmte **Freiheitssphäre.** In diese Freiheitssphäre darf der Staat **nur** dann **eingreifen,** wenn **Rechte** anderer Staatsbürger, das **Gemeinwohl** oder der **Bestand des Staates verletzt** oder **gefährdet** werden. Sonst hat sich der Staat jeglichen Eingriffes in die Individualrechte zu **enthalten,** sei es durch ein Gesetz oder durch einen Akt der Vollziehung.

In der Regel werden die Grundrechte des Staatsbürgers in der **Verfassungsurkunde** des Staates **aufgezählt.** Dieser sog. **„Katalog der Grundrechte"** weist in den einzelnen Verfassungsurkunden zum Teil große Unterschiede auf. An Grundrechten werden z. B. in den meisten Verfassungsurkunden anerkannt:

Gleichheit vor dem Gesetz,
Freiheit der Person, des Hausrechts und des Eigentums,
Glaubens- und Gewissensfreiheit,
Freiheit der Meinungsäußerung,
Pressefreiheit,
Vereins- und Versammlungsfreiheit,
Schutz des Briefgeheimnisses.

Es ist **Aufgabe** der objektiven **Rechtsordnung** des Staates, die dem Staatsbürger zustehenden **Grundrechte** zu **schützen** und zu **gewährleisten.** Aus diesem Grund verpflichtet der Staat seine Organe und Behörden, sich jeglichen Eingriffes in die Individualsphäre des einzelnen Bürgers zu enthalten und dadurch die **Unverletzlichkeit** dieser zu garantieren. Diese Grundrechte nennt man **Schutzrechte** (z. B. Unverletzlichkeit der Person, des Eigentums usw.).

Auf der anderen Seite sind der **Staat** und **seine Organe** durch die Grundrechte **verpflichtet, gewisse Handlungen** der Bürger zu **dulden.** Diese Handlungsfreiheiten werden als **Freiheitsrechte** bezeichnet (z. B. Freiheit der Kirchen und Religionsgesellschaften, Vereins- und Versammlungsfreiheit, Freizügigkeit usw.).

Geschichtliche Entwicklung der Grundrechte: Schon früh wurde in **England** der Schutz der persönlichen Freiheit gegenüber der Willkür des Monarchen durch Gesetze festgelegt (petition of rights 1628, habeas-corpus-Akte 1679, bill and declaration of rights and liberties of subjects vom 13. 2. 1689). Von England gelangte der Gedanke der Freiheitsrechte zunächst nach **Amerika**, wo denn auch in dieser Richtung gesetzliche Grundsätze über das Verhältnis des einzelnen zur Regierungsmacht aufgestellt wurden; von dort nach **Frankreich**, wo die „Menschen- und Bürgerrechte" von der Französischen Revolution aufgenommen wurden durch die **declaration des droits de l'homme et du citoyen** vom 26. 8. 1789, die dann in die Verfassungen von 1791 und 1793 überging. Heute findet man die **Anerkennung der Grund- und Freiheitsrechte in fast allen Verfassungen der Kulturstaaten.**

II. Staatsgebiet

Als **Staatsgebiet** bezeichnet man das **Gebiet,** das **zum Staat gehört,** auf dem der Staat seine **Herrschaftsrechte ausübt.** Es bildet den Lebensraum des Staatsvolkes.

Das Staatsgebiet ist gegenüber anderen Staaten genau **abgegrenzt;** denn der Zusammenschluß von Individuen zu einem Staatsgebilde bedingt auch ein Abschließen nach außen hin gegen andere Staaten. Die **Grenze** ist eine Einrichtung jeder sie trennenden beiden Staaten, aber auch eine Einrichtung des Völkerrechts. Man unterscheidet **natürliche** und **künstliche Grenzen.**

Zum Territorium eines Staates gehört **nicht nur** die **Erdoberfläche** innerhalb der Grenzen nebst einem Küstenstreifen von drei Seemeilen, sondern auch der Raum **über** der Erdoberfläche (wichtig für den Luftverkehr) und **unter** der Erdoberfläche (von Bedeutung bei Bergwerken, Tunneln usw.).

Der Staat besitzt innerhalb seines Staatsgebietes die **Gebietshoheit.** Die Gebietshoheit ist die völkerrechtlich anerkannte **Befehls- und Zwangsgewalt über jeden,** der sich im **Gebiet des Staates aufhält,** gleichgültig, ob es sich hierbei um Staatsangehörige, Staatenlose oder Ausländer handelt. Sie ist ausschließliche Gewalt, d. h. kein fremder Staat darf irgendwie die Staatshoheit beeinträchtigen, ohne sich einer Völkerrechtsverletzung schuldig zu machen (unerlaubtes Überfliegen des Staatsgebietes, unerlaubter Grenzübertritt usw.).

Eine **Ausnahme** bildet der **Bundesstaat**. In die **Gebietsherrschaft teilen sich hier Gesamtstaat und Gliedstaaten.** Weiter ausgenommen ist das Protektorat, das eine abgeleitete Gebietshoheit besitzt.

Nicht unter die Gebietshoheit eines Staates fallen die sog. **„exterritorialen" Personen**, z. B. die Gesandten.

Der Umfang des Staatsgebietes ist in der Regel in der Verfassung festgelegt.

III. Staatsgewalt

1. Begriff

Unter **Staatsgewalt** versteht man **die dem Staat zustehende höchste Befehls- und Zwangsgewalt**. Der Staat kann nicht nur allgemein verbindliche **Anordnungen** treffen, sondern er kann auch aus eigener Macht die **Befolgung** seiner Anordnungen mit **staatlichen Zwangsmitteln durchsetzen**. Die Staatsgewalt ist Herrschaft. Hierin unterscheidet sie sich von der lediglich ordnenden und leitenden Gewalt eines Verbandes. Dieser hat zwar eine gewisse Anordnungs-, aber keine Zwangsgewalt. Die Staatsgewalt ist dem Staat **naturnotwendig,** da nur durch sie der Zweck des Staates verwirklicht werden kann. Sie **regelt** das **Zusammenleben** der Individuen innerhalb der staatlichen Gemeinschaft, **setzt** und **sichert** das **Recht** und **pflegt Wohlfahrt und Kultur**. Wenn die Staatsgewalt Anspruch auf Souveränität erheben will, muß sie ursprünglich, d. h. unabgeleitet (originär) sein. Deshalb kann man abhängige Staaten, wie Protektorate, Kolonien usw. nicht als Staaten im eigentlichen Sinne ansprechen.

2. Träger der Staatsgewalt

Träger der **Staatsgewalt** kann eine **Einzelperson** oder eine **Vielheit** von Menschen sein (siehe auch § 8 — Staatsformen —).

In der **Demokratie** hat das **Volksganze** die Staatsgewalt in Händen (vgl. Art. 20, Abs. 2 Satz 1 des Grundgesetzes: **„Alle Staatsgewalt geht vom Volke aus"**). Allerdings kann die **Gesamtheit der Staatsbürger** die Staatsgewalt in der Regel **nicht selbst** ausüben. Dies ist nur in kleineren Staaten möglich **(unmittelbare Demokratie);** in den modernen Großstaaten bedarf das Volk **bestimmter Organe**, die die Staatsgewalt in seinem Auftrage handhaben, sofern nicht in bestimmten Fällen dem Volksganzen ein unmittelbares Recht der staatlichen Willensbildung durch Volksbegehren und Volksabstimmung vorbehalten ist **(mittelbare Demokratie)**. Entscheidend ist, daß der Wille des gesamten Volkes in die Tat umgesetzt wird.

Der Träger der Staatsgewalt kann **wechseln**, z. B. wenn durch eine Revolution an die Stelle der Einherrschaft eine Vielherrschaft tritt. Aber bei einem **Umsturz** zerbricht **nur** die **Staatsform, nicht** die **Staatsgewalt**. Der Staat besteht weiter und mit ihm die ihm naturnotwendige Staatsgewalt, die nur von einem anderen Träger ergriffen wird. Dieser ist zunächst nur tatsächlich im Besitz der Herrschaft; zum rechtmäßigen Träger der Staatsgewalt wird er erst mit der Anerkennung der Mehrheit des Volkes.

3. Gewaltenteilung

Die **Staatsgewalt** ist **einheitlich** und **nicht teilbar**. Unter **Gewaltenteilung** hat man lediglich die **Einteilung der Staatsgewalt** nach den verschiedenen **Arten ihrer Betätigung,** den sogenannten **Staatsfunktionen,** zu verstehen.

Die Staatsgewalt entfaltet sich nach drei Richtungen hin als

a) **gesetzgebende Gewalt** (Gesetzgebung), die **Rechtssätze schafft,** d. h. Normen aufstellt, die das Zusammenleben der Menschen innerhalb des Staates regeln,

b) **rechtsprechende Gewalt** (Rechtsprechung), die das **Recht verwirklicht,** d. h. die Rechtssätze auf den **einzelnen** Fall anwendet und so erklärt, was im speziellen Fall **rechtens** ist,

c) **ausführende oder vollziehende Gewalt** (Verwaltung), die die Gesetze ausführt und für Wohlfahrt und Kultur des Volkes Sorge trägt.

Entsprechend der Trennung der staatlichen Funktionen ist allgemein auch eine **Trennung** der diese Tätigkeiten **ausübenden Organe** gegeben. Für **jede** der drei **Funktionen** ist entweder **ein** besonderes staatliches **Organ bestellt** (gesetzgebende, rechtsprechende und verwaltende Organe) oder aber es wirken an der Ausübung jeder Funktion **mehrere** Staatsorgane mit.

Heute hat sich die Auffassung durchgesetzt, daß die **gesetzgebende** Gewalt der rechtsprechenden und ausführenden Gewalt **übergeordnet** ist; denn die Gesetzgebung erläßt die Rechtsnormen, an die Rechtsprechung und Verwaltung gebunden sind.

Durch die **Gewaltentrennung** soll die **Zusammenfassung der staatlichen Gewalt in einer Hand verhindert** und damit einem **Mißbrauch** der Staatsgewalt **vorgebeugt** werden.

Allerdings läßt sich eine scharfe Trennung in der Ausübung der staatlichen Funktionen nicht durchführen. Es lassen sich **Überschneidungen** der Aufgabengebiete feststellen:

a) die **gesetzgebenden Organe** vollziehen auch **Verwaltungsakte** (z. B. Feststellung des Haushaltsplanes. Der Haushaltsplan ist der Form nach Gesetz, dem Gegenstand nach Verwaltung);

b) die **Verwaltungsorgane** schaffen auch **Rechtssätze** (z. B. Verordnungen; diese können allerdings nur erlassen werden, wenn besondere Ermächtigung durch ein formelles Gesetz vorliegt);

c) die **rechtsprechenden Organe** tätigen auch **Verwaltungsakte** (z. B. Beglaubigung von Unterschriften, Bestellung von Pflegern, Grundbucheintragungen).

Die **Lehre von der Gewaltenteilung** wurde schon von **Aristoteles** (geb. 384/383, gest. 322) entwickelt, der in seiner Staatslehre „drei Teile" der Staatsgewalt unterscheidet: die beratende, die regierende und die richterliche. Ihre klassische Formulierung erhielt die Lehre von der Teilung der Gewalten von dem französischen politischen Schriftsteller **Montesquieu** (Charles de Secondat, Baron de la Brède et de Montesquieu, geb. am 18. 1. 1689, gest. am 10. 2. 1755) in seinem berühmt gewordenen Buch **„l'esprit des lois"** (Vom Geist der Gesetze, 1748). Montesquieu lehnt sich in seinen Ausführungen eng an die Lehren des englischen Philosophen und Staatsmannes **John Locke** (1632/1704) an („Two Traetises on Government" — Zwei Abhandlungen über Regierung, 1690).

Montesquieu verwarf die damals herrschende Auffassung, wonach die Staatsgewalt ausschließlich in der Hand des Monarchen lag und der Fürst Gesetzgebung, Verwaltung und Rechtsprechung handhabte. Er verlangte, daß die drei Gewalten im Staat voneinander vollständig getrennt sein müßten. Die **gesetzgebende** Gewalt soll das **Volk durch** seine **Vertreter** ausüben, die **richterliche** Gewalt soll durch **unabhängige Richter** und die **vollziehende** Gewalt vom **Staatsoberhaupt** ausgeübt werden.

§ 5. Verfassung

I. Begriff und Inhalt

Die **Verfassung** ist die **rechtliche Grundordnung des Staates.** Sie gibt **Bestimmungen** über die **Grundlagen des Staates**, die **obersten staatlichen Organe**, die **Ausübung der staatlichen Funktionen** und über das **Verhältnis zwischen Staat und Staatsangehörigen**. Sie ist aber auch **Grundlage** der gesamten **staatlichen Rechtsordnung**; denn von **ihr** müssen sich alle anderen **Rechtsakte des Staates** (Gesetze, Verordnungen usw.) **ableiten.**

Es gibt keinen Staat ohne Verfassung, da jeder Staat eine feste Ordnung und ein rechtliches Fundament benötigt. Es ist **nicht erforderlich,** daß die Verfassung als **geschriebene Verfassung** in einer **Urkunde** (Verfassungsurkunde) zusammengefaßt ist. Es kann auch der Fall sein, daß die Verfassung **ungeschrieben** nur in der **Rechtsüberzeugung des Volkes** lebt, also als **Gewohnheitsrecht** besteht (wie z. B. in England, wo die Verfassung auf einer Reihe von alten Gesetzen und Urkunden, — Charten —, vor allem aber auf Gewohnheitsrecht beruht). Erst im 18. Jahrhundert ist der Brauch aufgekommen, das Grundgesetz des Staates in einer geschriebenen Urkunde festzulegen. Heute haben die meisten Staaten **geschriebene Verfassungen.**

Als Mutterland der geschriebenen Verfassungen kann in Europa **Frankreich** angesehen werden (erste Verfassung vom 3. 9. 1791).

Unter Verfassung im **formellen Sinn** versteht man nur die **Bestimmungen** der **Verfassungsurkunde**, also den Inhalt des als „Verfassung" bezeichneten Grundgesetzes des Staates. Als Verfassung im **materiellen Sinn** bezeichnet man die **Gesamtheit der Bestimmungen**, die ihrem **Inhalt** nach **Verfassungsrecht** enthalten, auch wenn sie nicht im Text der Verfassungsurkunde stehen (z. B. Bestimmungen über das Verfahren bei Volksabstimmungen, über das Wahlrecht usw.).

Die Verfassung kommt durch einen **Akt der verfassunggebenden Gewalt zustande.** Diese Gewalt steht in Demokratien dem Volk zu. Die Gesamtheit der Staatsbürger gibt sich entweder selbst die Verfassung durch eine Volksabstimmung über einen vorgelegten Verfassungsentwurf oder aber sie überträgt einer zu diesem Zweck gebildeten Volksvertretung das Recht, über die Verfassung zu beschließen.

II. Verfassungsschutz und Verfassungsänderung

Da in demokratischen Staaten das Volk bzw. die Mehrheit des Volkes über den Staatswillen und die Gestaltung des Staates entscheidet, kann diese Mehrheit auch zu jeder Zeit Entscheidungen über die **Änderung der Verfassung** des Staates treffen. Hierbei besteht aber die Gefahr, daß sich vorübergehende politische Auffassungen sofort auswirken und die staatliche Grundordnung ständigen Änderungen unterworfen ist. Um dies zu vermeiden, gibt man **Sicherungen** der gegebenen Verfassung; man schafft einen **Verfassungsschutz,** indem in der Verfassungsurkunde die **Bedingungen** und **Formen** für eine Änderung der bestehenden Verfassung **vorgeschrieben** werden.

Die Verfassung kann nur im **Wege der Gesetzgebung abgeändert** oder **ergänzt** werden. Für die Änderung der Verfassung ist allgemein ein **erschwerendes Verfahren** vorgesehen (Erfordernis einer sogenannten **verfassungsändernden Mehrheit** — in der Regel Zweidrittelmehrheit —).

§ 6. Volkssouveränität

Unter Souveränität versteht man einmal die **Macht, innerhalb des** Staatsgebietes das Staatsleben **selbständig** zu regeln, zum anderen die **rechtliche Unabhängigkeit** des Staates **gegenüber anderen Staaten.** Die Souveränität ist die hervorstechendste Eigenschaft der Staatsgewalt, auf Grund deren diese rechtlich unabhängig von anderen Mächten der gleichen Ordnung tätig wird. Wenn die Staatsgewalt dem gesamten **Volk** zusteht, das Volksganze also mit der obersten Gewalt im Staate ausgestattet ist, spricht man von **Volkssouveränität.**

Im Gegensatz zur **Volkssouveränität** steht die **Fürstensouveränität.** In der absoluten und in der konstitutionellen Monarchie liegt die oberste Gewalt im Staat beim „Souverän", beim Monarchen, wenn dieser auch in der letzteren in der Ausübung der Staatsgewalt durch die Volksvertretung beschränkt ist.

Bei den auf dem **Prinzip der Volkssouveränität** aufgebauten Staaten (Demokratien) fragt sich nur, **inwieweit** das zur Ausübung der obersten Gewalt im Staat berechtigte **Volksganze handeln kann.** Es ergeben sich mehrere Fragen, deren Beantwortung zeigt, daß der Volkssouveränität **natürliche Schranken** gesetzt sind.

1. Welche Staatsangehörigen handeln?

An der Bildung des Staatswillens kann nur derjenige teilnehmen, der die **vollen politischen Rechte** im Staat **besitzt**. Nur er ist **Träger** der Staatsgewalt, nur er bestimmt, wie diese wirksam werden soll und welche Organe sie ausüben. Die **politisch Unmündigen** (Kinder, Geisteskranke usw.) **scheiden** also aus den Reihen der handelnden Angehörigen des Staates **aus.**

Eine **weitere Einschränkung** des Kreises der den Staatswillen bildenden Personen ist dadurch möglich, daß dem weiblichen Teil der Bevölkerung kein Wahl- und Stimmrecht eingeräumt ist. Allerdings besitzen heute die Frauen in den meisten Kulturstaaten die vollen politischen Rechte. Sie bekleiden nicht selten hohe öffentliche Ämter; es gibt weibliche Minister, Oberbürgermeister usw.

2. **Wie** kommt es bei der großen Zahl der handelnden Staatsangehörigen zu einem **einheitlichen Entschluß?**

Es ist klar, daß ein **einheitlicher** Wille des Volkes nicht **vorhanden** ist und Einstimmigkeit in den seltensten Fällen vorkommt. Es muß also **genügen**, daß ein **Teil** der zur Stimmabgabe Berechtigten **zustimmt**, sowohl beim Volk selbst als auch bei dessen Repräsentanten in der Volksvertretung. **Demokratie ist Mehrheitsherrschaft**.

Diese beiden Tatsachen lassen erkennen, wie schwierig es ist, den Willen des **gesamten** Volkes zu ermitteln und zur Geltung zu bringen. Hinzu kommt, daß in den seltensten Fällen das Volk **unmittelbar** entscheidet (z. B. im Volksentscheid). Im allgemeinen handelt das Volk **mittelbar,** d. h. die vom Volk gewählten Vertreter werden im Auftrage des gesamten Volkes tätig. In größeren Demokratien ist Mittelbarkeit nicht zu vermeiden. In den heutigen demokratischen Republiken gilt neben dem Mehrheitsprinzip das **Vertretungsprinzip**.

§ 7. Volksvertretung

I. Begriff

Die **Volksvertretung** ist die **Vertretung des gesamten Volkes**. In ihr tritt der Anteil des Volkes am Staatsleben in Erscheinung.

Vertreter des Volksganzen ist aber nicht nur die Volksvertretung in ihrer **Gesamtheit**, sondern auch jeder **einzelne Abgeordnete**. Die Mitglieder der Volksvertretung üben ihre Tätigkeit nach **freier Überzeugung** aus; sie sind an **keine Aufträge gebunden**.

Die Volksvertretung übt in der **mittelbaren Demokratie** die oberste Staatsgewalt aus, soweit nicht in besonderen Fällen dem Volk selbst die staatliche Willensbildung vorbehalten ist (Volksbegehren und Volksentscheid).

In der **konstitutionellen Monarchie** wird die Volksvertretung bei wichtigen Staatshandlungen (Gesetzgebung, Haushalt usw.) **zusammen** mit dem Monarchen tätig. In der **parlamentarischen Monarchie** ist nicht mehr der Monarch der stärkste Faktor im Staat, sondern die Volksvertretung.

In den modernen großräumigen Staaten kann sich die Gesamtheit der Staatsbürger weder selbst regieren, noch die Wahrnehmung ihrer Interessen durch die Vollzugsorgane selbst kontrollieren. Um diese Aufgabe zu erfüllen, **wählt das Volk seine Vertretungskörperschaft und überträgt dieser die Rechte, die eigentlich dem Volksganzen zukommen.**

Aber auch die Volksvertretung ist noch zu umfangreich, um die unmittelbare **Verwaltung** auszuüben. Aus diesem Grunde ist es notwendig, eine **Regierung** zu bilden.

Unter **Regierung** versteht man das **Staatsorgan,** dem die **Verwaltung** an **oberster Stelle zukommt** (auch Kabinett, Ministerium genannt).

Die Regierungsmitglieder werden vielfach der Volksvertretung entnommen. Es kann aber auch sein, daß die Minister in der Volksvertretung keinen Sitz haben. In Staaten mit **parlamentarischem Regierungssystem** sind die **Minister** der **Volksvertretung verantwortlich**. Sie müssen zurücktreten, wenn die Volksvertretung ihnen das Vertrauen entzieht.

Anders ist es in der **konstitutionellen Monarchie** und in **Demokratien** mit **präsidentiellem System.** In der konstitutionellen Monarchie ist der Monarch in der Ernennung und Abberufung der Minister **nicht** an die Zustimmung der Volksvertretung gebunden; die Bildung der Regierung ist seinem Gutdünken überlassen. In demokratischen Staaten mit präsidentiellem System haben die Mitglieder des Ministeriums in der Volksvertretung keinen Sitz und sind nur dem **Präsidenten,** nicht der Volksvertretung, **verantwortlich.** Sie werden vom **Präsidenten berufen und entlassen.**

II. Ein- und Zweikammersystem

Die Volksvertretung, die zwischen der Volksgesamtheit und der Regierung steht, besteht entweder aus einer Körperschaft **(Einkammersystem)** oder aus zwei voneinander unabhängigen Körperschaften **(Zweikammersystem)**.

Das **Zweikammersystem**, das englischem Vorbild entstammt, ist die **Regel**. Man bezeichnet die Erste Kammer auch als Senat, Oberhaus usw., während man die Zweite Kammer auch Unterhaus, Abgeordnetenhaus, Deputiertenkammer usw. nennt. **Inwieweit** jede der beiden **Kammern** an **Gesetzgebung** und **Verwaltung teilnimmt** und wie das gegenseitige Kräfteverhältnis ist, ist in den einzelnen Staaten **unterschiedlich geregelt**.

III. Zusammensetzung der Volksvertretung

Die **Rechtsgrundlagen** für die Volksvertretung eines Staates sind in der **Verfassung**, in der **Geschäftsordnung** der Volksvertretung und in **Wahlgesetzen** gegeben. Das Mindestalter für die Ausübung des passiven Wahlrechts — die Wählbarkeit — ist auf Grund der in den Verfassungen oder Wahlgesetzen gegebenen Bestimmungen in den einzelnen Staaten verschieden.

Die **Zahl der Abgeordneten** ist entweder **gesetzlich festgelegt**, dann werden die zu vergebenden Sitze nach dem Wahlerfolg der Parteien verteilt, **oder** sie ist **beweglich**, d. h., sie ist von der Stärke der Wahlbeteiligung abhängig. Bei letzterem System, dem sog. automatischen System, entfällt je ein Sitz auf eine bestimmte Stimmenzahl (Wahlquotient, Verteilungszahl), die gesetzlich festgelegt ist.

IV. Rechte der Volksvertretung

1. Politische Rechte

Unter **politischen Rechten** der Volksvertretung versteht man die **Rechte,** die sich **aus der Mitwirkung der Volksvertretung an der Ausübung der Staatsgewalt ergeben.**

Die **wichtigsten Rechte** der Volksvertretung sind das Recht der **Gesetzgebung** und das Recht auf **Mitwirkung an der Haushaltsführung.**

In der **konstitutionellen** und in der **parlamentarischen Monarchie** übt die Volksvertretung das Gesetzgebungsrecht **gemeinsam** mit dem Monarchen aus. In der **repräsentativen Demokratie** hat die Volksvertretung das **alleinige** Recht der Gesetzgebung, soweit nicht das **Volk** durch Volksabstimmung **unmittelbar** entscheidet.

Weitere Rechte der Volksvertretung sind:

a) das **Interpellationsrecht,** d. h. das Recht, **Anfragen** an die **Regierung** zu stellen und von ihr **Auskünfte** über die Führung der Regierungsgeschäfte **zu verlangen.** Zu diesem Zweck können die Mitglieder der Regierung auf Antrag einer bestimmten Zahl von Abgeordneten vor die Volksvertretung geladen werden;

b) das **Petitionsüberweisungsrecht,** d. h. das Recht, **Eingaben** von Privatpersonen und Körperschaften **dem Kabinett** zu **überweisen** und **Auskünfte** über die **Erledigung** dieser Eingaben **zu verlangen;**

c) das **Enqueterecht**, d. h. das Recht, **Untersuchungsausschüsse** (z. B. über Grubenunglücke usw.) einzusetzen;

d) das in den meisten Staaten bestehende **Recht der Ministeranklage,** d. h. das Recht, die einzelnen **Mitglieder der Regierung** wegen schuldhafter Verletzung der Verfassung oder der Gesetze **anzuklagen.**

Um eine ungestörte Tätigkeit für die Volksvertretung sicherzustellen, ist den Abgeordneten eine **Sonderrechtsstellung** eingeräumt, z. B. das Recht der Zeugnisverweigerung, Recht auf freie Meinungsäußerung, Freiheit von Strafverfolgung und Verhaftung während der Tagungen.

2. Kollegiale Rechte

Unter **kollegialen Rechten** der Volksvertretung versteht man die **Rechte,** die **sich aus der dem Parlament gewährten Befugnis,** seine **Angelegenheiten selbständig zu regeln, ergeben.**

Die Volksvertretung hat meist

a) das **Recht auf Selbstversammlung,** d. h. das Recht, den Versammlungszeitpunkt **selbständig** festzulegen. Das Selbstversammlungsrecht besteht nur in demokratischen Republiken. In Monarchien beruft der Monarch die Volksvertretung. Ihm steht ferner das Recht zu, die Sitzungen der beiden Häuser zu unterbrechen oder zu beendigen;

b) das **Recht auf Selbstorganisation,** d. h. jede der beiden Kammern hat auf Grund der durch die Verfassung erteilten Ermächtigung das Recht, **Leitung** und **Verlauf der Tagungen selbständig** durch **Erlaß einer Geschäftsordnung zu regeln.**

Die Verfassung enthält in der Regel nur Grundzüge für die Organisation und für das Tätigwerden der Volksvertretung; die näheren Bestimmungen sind in der **Geschäftsordnung** gegeben.

§ 8. Staatsformen

I. Allgemeines

Die dem Staat zustehende Gewalt ist nach bestimmten **Grundsätzen** organisiert. Da diese Grundsätze nicht für alle Staaten gleich sind, entstehen verschiedene **Staatsformen.**

Unter **Staatsform** versteht man die **Bestimmung** darüber, wem die **höchste Gewalt** im Staat **zusteht** und in **welcher Weise** ein oberstes Staatsorgan oder mehrere höchste Staatsorgane die **Staatsgewalt handhaben.**

Hauptformen und Gegensätze sind

Monarchie und
Republik.

Solange Staaten bestehen, fehlt es nicht an Versuchen, eine Einteilung der verschiedenen Herrschaftsverhältnisse über Menschen zu geben.

Aristoteles unterschied drei **gute** und drei **schlechte** Staatsformen. Die drei **guten** sind nach seiner Auffassung

1. **Monarchie** (Herrschaft eines einzelnen),
2. **Aristokratie** (Herrschaft der Wenigen, der Besten des Volkes),
3. **Demokratie** (Herrschaft des Volkes).

Diesen drei **guten** Staatsformen stellt er drei **schlechte**, entartete, gegenüber:

1. **Tyrannis** oder **Despotie** (Herrschaft eines einzelnen als Willkürherrschaft),
2. **Oligarchie** (Herrschaft von Wenigen nicht zum Wohle des Volksganzen, sondern zum Wohle weniger),
3. **Ochlokratie** (Herrschaft des Pöbels, die entartete Volksherrschaft).

Machiavelli setzte dann an die Stelle der Dreiteilung des Aristoteles die Zweiteilung: **Monarchie** (Einherrschaft) — **Republik** (Vielherrschaft).

II. Hauptarten

1. Monarchie

a) Begriff und Arten

Monarchie bedeutet **Herrschaft eines einzelnen** — des Monarchen — im Staat. In der Monarchie geht im Gegensatz zur Republik die staatliche Willensbildung von einer Einzelperson aus. **Grundgedanke der Monarchie** ist die **Fürstensouveränität** (mit Ausnahme der Form der parlamentarischen Monarchie, in der der Grundgedanke der Volkssouveränität herrscht). Der **Monarch** ist das **höchste Organ** im Staat; er **vertritt den Staat** nach innen und außen und ist auf **Lebenszeit alleiniger** oder **überwiegender,** zum mindesten aber noch bedeutender **Träger der Staatsgewalt.** Nicht **jede Einherrschaft** wird mit **Monarchie** bezeichnet. Man spricht **nicht** von einer Monarchie, wenn einem einzelnen **auf gewisse Zeit** vom Volk oder von **einer** vom Volk berufenen **Vertretung** die Herrschaft verantwortlich **übertragen** wird oder wenn ein **einzelner als Diktator herrscht.**

Auf der anderen Seite spricht man aber von einer Monarchie, wenn dem Monarchen in der Herrschaft **gewisse Schranken** auferlegt sind und **er nur zusammen mit anderen Organen herrscht,** ihm also die staatliche Willensbildung nicht uneingeschränkt (absolut) obliegt. Es ist **möglich,** daß der Monarch die oberste politische Entscheidungsgewalt im Staat **fast vollkommen aufgegeben** hat (in der parlamentarischen Monarchie).
Nach der Art der Besetzung des Thrones unterscheidet man

Erbmonarchie und
Wahlmonarchie.

Bei der Erbmonarchie (z. B. Reich der Karolinger) wird der Herrscher nach einer **bestimmten Thronfolgeordnung** aus einer **bestimmten Dynastie** (Fürstenhaus) genommen.

Bei der **Wahlmonarchie** erfolgt die Besetzung des Thrones jeweils durch eine **besondere Wahl.** Es muß also ein **Wahlorgan** vorhanden sein, das den Monarchen wählt. Die Wahlmonarchie gehört der Geschichte an (z. B. das Heilige Römische Reich Deutscher Nation).

Es ist möglich, daß die Formen der Wahl- und Erbmonarchie ineinander übergehen, wenn z. B. ein Monarch zu Lebzeiten durch **Designation** seinen Nachfolger bestimmt oder wenn die **Wählbarkeit** auf die **Angehörigen eines bestimmten Fürstenhauses beschränkt** ist.

Nach dem **Umfang** der **Befugnisse** des Monarchen unterscheidet man

absolute (unbeschränkte) und
beschränkte Monarchie.

Von einer **absoluten** Monarchie spricht man dann, wenn der Monarch **uneingeschränkt herrscht**, d. h. der Wille des Monarchen **allein** maßgebend ist. Man hat schon sehr früh erkannt, daß die uneingeschränkte Macht in der Hand eines einzelnen eine große **Gefahrenquelle** für Staat und Recht darstellt. Im Laufe der Zeit haben sich dann verschiedene Arten der **beschränkten Monarchie** entwickelt, die einen **Übergang** zwischen den in scharfem Gegensatz stehenden Staatsformen der **absoluten Monarchie** und der **Republik** darstellen.

Es handelt sich hierbei um

aa) die **ständische,**
bb) die **konstitutionelle,**
cc) die **parlamentarische** Monarchie.

Der Monarch ist bei diesen Staatsformen in der **Ausübung seiner Herrschergewalt beschränkt,** d. h. an die **Mitwirkung anderer Staatsorgane gebunden.** Diese Beschränkung äußert sich in der Hauptsache darin, daß der Herrscher bestimmte Hoheitsrechte (z. B. Erlaß von Gesetzen) **nicht** mehr **allein** ausüben darf, sondern nur gemeinsam mit einem anderen Organ oder mehreren anderen Organen.

In der **geschichtlichen Entwicklung** wurde der **mittelalterliche** Ständestaat von der **absoluten** Monarchie abgelöst, die dann der **konstitutionellen Monarchie** Platz machen mußte. Aus dieser entwickelte sich die **parlamentarische** Monarchie.

b) **Absolute Monarchie**

Die **reinste Form der** Monarchie ist die **absolute,** die in Deutschland besonders nach dem Dreißigjährigen Krieg die überwiegende Staatsform wurde. Sie bedeutet die **völlige Unbeschränktheit** des Monarchen in der Ausübung der Staatsgewalt. Die gesamte staatliche Macht liegt in seiner Hand, alles staatliche Herrschaftsrecht ist in seiner Person verkörpert. **Jede Ausübung staatlicher Macht** beruht auf **seinem Willen** und geschieht widerruflich durch seine Beamten in seinem Namen und in seinem Auftrag. Er kann sich an jeder beliebigen Stelle der Gesetzgebung, der Verwaltung und der Gerichtsbarkeit einschalten und seinen Willen durchsetzen.

Als **klassische Form** der absoluten Monarchie kann man die **Monarchie Ludwig XIV.** bezeichnen, in der auch die Gleichstellung von Staat und König entstand durch das Wort des Königs „L'Etat c'est moi" (Der Staat bin ich).

Die **Despotie** als **äußerster Grad der absoluten Herrschaft** stellt die schlimmste **Entartung** staatlichen Lebens dar. Hier herrscht allein die **Willkür** des Despoten, der Herrscher kennt **keine Schranken** in der Handhabung der Staatsgewalt. Die Despotie kennt kein Gesetz und damit auch kein Recht. Die Untertanen in einer Despotie sind vollkommen recht- und willenlos. Sie dienen dem Despoten lediglich dazu, seine Größe zu sichern und ihm die Mittel zu einem genußvollen und vielfach ausschweifenden Leben zu geben.

c) **Beschränkte Monarchie**

aa) **Ständische Monarchie**

Bei der dem mittelalterlichen Lehnsstaat entstammenden **ständischen Monarchie** ist der Monarch in der Ausübung der staatlichen Gewalt durch die zu einer **Körperschaft** vereinigten **Stände** (Adel, Geistlichkeit, Stadtbürger) **beschränkt,** die nur ihre Rechte und Interessen vertreten und zugunsten dieser Interessen die monarchische Macht **schwächen.**

Die **Art der Beschränkung** des Monarchen ist **verschieden.** Es kann sein, daß der Monarch bei seinen Regierungshandlungen an die **Zustimmung der Stände** gebunden ist, es kann aber auch sein, daß er den Ständen **einen Teil** der staatlichen Herrschaft **ganz überlassen** muß.

Die ständische Monarchie leitete zur absoluten Monarchie über.

bb) **Konstitutionelle Monarchie**

Die **konstitutionelle Monarchie** ist die Form der Monarchie, bei der der **Monarch** zwar das **oberste Organ** des Staates, aber in der **Handhabung** der staatlichen Gewalt durch die **Mitwirkung der Volksvertretung beschränkt** ist. Sie kann als die wichtigste Staatsform des 19. Jahrhunderts bezeichnet werden.

Der Name „konstitutionelle Monarchie" kommt von **Konstitution (Verfassung).** Jeder Staat hat zwar eine geschriebene oder ungeschriebene Verfassung; die Bezeichnung konstitutionelle Monarchie will besagen, daß der Monarch in dieser Form der Monarchie in der Ausübung der staatlichen Gewalt **bestimmten, in der Verfassung festgelegten Beschränkungen** unterworfen ist. In der Verfassung sind die Rechte des Fürsten und der Volksvertretung **bestimmt und gegeneinander abgegrenzt.**

In der konstitutionellen Monarchie wirkt das Volk durch die Volksvertretung bei der Ausübung der Staatsgewalt mit.

Die Art der Beschränkung des Herrschers ist wesentlich bestimmt durch die Grundsätze der **Lehre von der Gewaltenteilung,** die ihren Vorläufer schon bei Aristoteles hat, ihre klassische Formulierung aber von Montesquieu erhielt. Unter Gewaltenteilung versteht man die Einteilung der an sich unteilbaren Staatsgewalt nach den verschiedenen Arten ihrer Tätigkeit, den Staatsfunktionen (Gesetzgebung, Verwaltung und Gerichtsbarkeit).

Die konstitutionelle Monarchie ist eine Übergangsform zwischen der absoluten und der parlamentarischen Monarchie. In der absoluten Monarchie liegt die Staatsgewalt unbeschränkt in der Hand des Monarchen, während in der parlamentarischen Monarchie die das Volk repräsentierende Volksvertretung der stärkste Faktor im Staat ist.

In der konstitutionellen Monarchie wird die **Gesetzgebung gemeinsam** durch den **Monarchen und** die die Interessen des ganzen Volkes vertretende **Volksvertretung** ausgeübt. Voraussetzung zum Zustandekommen eines formellen Gesetzes ist, daß sowohl Monarch als auch Parlament mit dem Inhalt des Gesetzes einverstanden sind. Hierdurch wird das Verfahren der Gesetzgebung naturgemäß erschwert und kompliziert. Daher werden auch **Ausnahmen** zugelassen, um die erforderliche Geschwindigkeit der staatlichen Rechtsetzung sicherzustellen: Auch dem **Vollzugsorgan allein** kann ein **Recht** zum **Erlaß** von allgemein verbindlichen **Rechtsvorschriften** gewährt werden. **Voraussetzung** ist aber die **ausdrückliche Ermäch-**

tigung hierzu durch ein **formelles Gesetz**, um die mittelbare Mitwirkung des Volkes bei der Gesetzgebung zu gewährleisten.

Die heute übliche Unterscheidung zwischen **formellen** Gesetzen (d. h. Rechtssätzen, die in dem vorgeschriebenen Gesetzgebungsverfahren von den verfassungsmäßig zuständigen Organen erlassen werden) und **materiellen Gesetzen** (d. h. der rechtsverbindlichen Anordnung von Rechtsnormen überhaupt, gleichgültig, ob sie formelle Gesetze sind oder z. B. auf Grund einer Ermächtigung durch ein formelles Gesetz von der Exekutive als Rechtsverordnung erlassen werden) ist auf die **konstitutionelle Monarchie zurückzuführen.**

In der Ausübung der **Verwaltung** ist der Monarch einmal durch das sog. **Prinzip der gesetzmäßigen Verwaltung** beschränkt (d. h. die Verwaltung darf nur im Rahmen der Gesetze tätig werden), zum anderen ist er Beschränkungen in der **Finanzgebarung** unterworfen (Budgetrecht der Volksvertretung). Die jährliche Feststellung des **Haushaltsplanes** hat **gemeinsam** durch den **Monarchen** und die **Volksvertretung** zu erfolgen. Es dürfen also Ausgaben in der Verwaltung nur im Rahmen und in der Höhe geleistet werden, als Bewilligung durch beide Organe vorliegt. Da das Budgetrecht der Volksvertretung aber nur dann verwirklicht werden kann, wenn die Volksvertretung auch ein **Kontrollrecht** besitzt, ist in konstitutionellen Monarchien die **Finanzkontrolle der Volksvertretung** in der Regel gesetzlich festgelegt. Darüber hinaus wird vielfach der Volksvertretung durch besondere gesetzliche Bestimmungen ein **Mitwirkungsrecht in der Verwaltung** dadurch eingeräumt, daß für **wichtige Regierungsakte** (z. B. Aufnahme von Anleihen, Abschluß von Staatsverträgen usw.) formelle **Gesetze vorgeschrieben** sind.

Dagegen ist der Monarch **frei** in der **Bestellung** und **Entlassung der Minister** (im Gegensatz zur parlamentarischen Monarchie, in der der Monarch in der Besetzung der Ministerposten an den Willen der Mehrheit der Volksvertretung gebunden ist), in der **Ernennung der Beamten** sowie in der **Ausübung anderer wichtiger Hoheitsrechte** (z. B. Ausübung des Begnadigungsrechts und der militärischen Kommandogewalt).

Die **Rechtsprechung** wird, wenn auch im Namen des Monarchen, durch **unabhängige**, nur dem **Gesetz unterworfene Richter** ausgeübt. Da die Gesetze von Monarch und Parlament erlassen werden, ist auch für die Gerichtsbarkeit der gemeinsame, übereinstimmende Wille beider Organe entscheidend.

In der konstitutionellen Monarchie herrscht der Grundsatz der **Fürstensouveränität**, d. h. die Ausübung der Staatsgewalt steht zur Hauptsache dem Fürsten zu. Auf Grund dieser bevorzugten Stellung besitzt der Monarch besondere Eigenschaften. Die wichtigste hiervon ist die **Unverantwortlichkeit**. Aus der Unverantwortlichkeit des Monarchen ergibt sich, daß er für seine Regierungshandlungen **nicht verantwortlich** gemacht werden kann, eine **andere Person** also hierfür die Verantwortung tragen muß. Aus diesem Grunde bedürfen in konstitutionellen Monarchien die Regierungshandlungen des Staatsoberhauptes der **Gegenzeichnung eines Ministers**. Dieser übernimmt der Volksvertretung und damit dem gesamten Staatsvolk gegenüber die Verantwortung.

Unter dem Einfluß der französischen Revolution begann Anfang des 19. Jahrhunderts die Umbildung der absoluten Monarchie zur konstitutionellen Monarchie, die dann um die Mitte des 19. Jahrhunderts zur beherrschenden Staatsform wurde. **Deutschland** war bis **1918** eine **konstitutionelle Monarchie.** In einer Reihe von Staaten Europas, die im 19. Jahrhundert konstitutionelle Monarchien waren, wurde der Konstitutionalismus durch den Parlamentarismus verdrängt.

cc) **Parlamentarische Monarchie**

Unter **parlamentarischer Monarchie** versteht man die Stufe der konstitutionellen Monarchie, bei der nicht mehr der Grundsatz der Fürstensouveränität herrscht, sondern die **Volkssouveränität** Grundgedanke der Staatsform ist. Steht die konstitutionelle Monarchie der absoluten Monarchie näher, so neigt sich die parlamentarische Monarchie, die sich aus der konstitutionellen Monarchie entwickelt hat, mehr nach der Seite der Republik.

Der **Grundsatz der Volkssouveränität** findet in der parlamentarischen Monarchie seinen **praktischen Ausdruck** in der **Tatsache**, daß die **Minister das Vertrauen der Mehrheit der Volksvertretung** haben müssen. Der Monarch ist also bei der Ernennung und Abberufung der Kabinettsmitglieder **nicht frei**, sondern an den **Willen** der Mehrheit des **Parlaments gebunden** und damit mittelbar an den Willen der Mehrheit des Volkes.

Bei der parlamentarischen Monarchie ist **nicht** mehr der **Monarch der stärkste Faktor im Staat, sondern** das **Parlament**, welches die Volkssouveränität verkörpert; es besteht eine parlamentarische Regierung (siehe auch § 9 I — Parlamentarisches Regierungssystem —). Die **parlamentarische Monarchie** kann man heute als Normaltyp der **Monarchie** ansehen. Vielfach war sie nur Durchgangsform zur Republik. Das **Geburtsland** der parlamentarischen Monarchie ist **England.**

Eine weitere Form der Einherrschaft ist die **Diktatur,** die im Gegensatz zur Monarchie nicht erblich ist. Man unterscheidet zwischen **national orientierten Diktaturen** und **international gerichteten Diktaturen.** (Beispiel einer national gerichteten Diktatur ist die Diktatur Hitlers).

2. Republik

a) Begriff und Arten

Republik bedeutet im Gegensatz zur Einherrschaft in jeder Form **Vielherrschaft**. In ihr lenkt nicht wie in der Monarchie eine Einzelperson die Geschicke des Gemeinwesens, sondern eine **Vielheit**. Der

Staatswille wird in der Republik **aus den Willensäußerungen dieser Vielheit** gewonnen. Die obersten Ämter in der Republik sind nicht erblich und werden in der Regel durch Wahl besetzt.
Es gibt

aristokratische und
demokratische Republiken.

Bei der ersteren wird zur staatlichen Willensbildung ein enger Kreis bevorrechtigter Personen herangezogen; bei der letzteren kommt dem gesamten Volk die Willensbildung im Staat zu.

b) **Aristokratische Republik**

In der **aristokratischen Republik** liegt die Herrschaft bei einer **Minderheit** des Volkes, bei einem durch Grundbesitz, Vermögen, Adel oder sonstige soziale Vorzüge ausgezeichneten **kleinen Personenkreis.** Voraussetzung für das Zustandekommen einer solchen Staatsform ist also das Vorhandensein eines sozial höher stehenden Standes (Adels-, Geschlechter-, Handelsherren-Aristokratie).

Aristokratien waren z. B. im **Altertum** einzelne **griechische Stadtrepubliken,** im **Mittelalter** die **oberitalienischen Stadtstaaten** (wie Venedig und Genua). In der **deutschen Geschichte** findet man seit dem Hochmittelalter Aristokratien in der **Geschlechterherrschaft der Städte** (besonders in den reichsunmittelbaren Städten), die dann durch die Zünfte im 14. Jahrhundert gestürzt wurde. In der heutigen Staatenwelt gibt es die aristokratische Republik nicht mehr.

c) **Demokratische Republik**

Bei der **demokratischen Republik** ist die **Volkssouveränität Grundgedanke der Staatsform,** d. h. der Gedanke, daß die Staatsgewalt dem **Volksganzen** zukommt.

Mit dem demokratischen Grundsatz, daß Träger der Staatsgewalt das gesamte Volk ist, ist allerdings nicht der Unterschied von Befehlenden und Gehorchenden beseitigt. Ohne Herrschaft und Gehorsam kann auch der demokratische Staat nicht existieren. Unter **Demokratie** hat man **nicht** völliges **Fehlen** oder **Schwäche** der **Staatsgewalt** zu verstehen, **sondern Handhabung** der **Staatsgewalt** im **Auftrage** und in **Übereinstimmung** mit dem Willen der **gesamten Staatsbürgerschaft.**

Das mit der obersten Staatsgewalt ausgestattete Volk kann aber **nicht** in seiner **Gesamtheit** diese Gewalt ausüben, denn die Volksgesamtheit umfaßt z. B. auch Kinder. Man sieht deshalb als **Träger der Staatsgewalt** nur einen **engeren Kreis** dieser Gesamtheit an, nämlich alle **diejenigen**, die mit **vollen politischen Rechten** ausgestattet sind.

Bei der demokratischen Republik unterscheidet man

A) unmittelbare,
B) mittelbare (repräsentative) Demokratie,

je nachdem, ob die Staatsgewalt durch das **Volk selbst** gehandhabt wird oder ob das Volk die **Ausübung** seines Herrschaftsrechtes entweder **ganz** oder doch zum **größten Teil** den von ihm gewählten **Vertretern** überläßt.

A) Unmittelbare Demokratie

Man spricht von einer **unmittelbaren Demokratie,** wenn die Staatsgewalt **unmittelbar** von der **Gesamtheit** der mit **vollen politischen Rechten Ausgestatteten** ausgeübt wird. Hier entscheidet das Volksganze in **Volksversammlungen** über wichtige öffentliche Angelegenheiten. Die unmittelbare Demokratie entspricht dem reinen demokratischen Staatsideal.

Infolge der räumlichen Ausdehnung und der großen Bevölkerungszahl der heutigen Kulturstaaten ist die unmittelbare Ausübung der staatlichen Gewalt durch das Volksganze **praktisch nicht** durchzuführen; das Volk muß diese einer durch unmittelbare Wahl berufenen Volksvertretung übertragen.

B) Mittelbare Demokratie

Die **mittelbare Demokratie** wird auch **repräsentative** Demokratie genannt. In ihr obliegt die **Ausübung der Staatsgewalt** der vom Volk gewählten **Volksvertretung**.

In einzelnen modernen Verfassungen ist dem **Volk** über die Wahl der Volksvertretung hinaus eine **unmittelbare** Teilnahme an der staatlichen Willensbildung durch Einrichtungen der unmittelbaren Demokratie (**Volksbegehren und Volksentscheid**) eingeräumt.

In der Repräsentativdemokratie ist eine **Gewaltenteilung** dahingehend vorgenommen, daß die **gesetzgebende** Gewalt in erster Linie der **Volksvertretung** obliegt, die **ausführende** Gewalt den **Exekutivorganen** zugewiesen ist unter **Bindung an die Gesetze** und die **richterliche** Gewalt durch **unabhängige**, nur dem Gesetz unterworfene **Richter** ausgeübt wird. Die **Volksvertretung** kann aus **einer** Körperschaft bestehen (**Einkammersystem**) oder aus **zwei** verschiedenartig zusammengesetzten Körperschaften (**Zweikammersystem**). In den Verfassungen der demokratischen Staaten ist zumeist festgestellt, daß die Gewalt im Staat vom Volk ausgeht. In der Regel geben die modernen Demokratien auch den **Frauen** die **vollen** politischen **Rechte**. Die Frauen sind damit in gleicher Weise wie die Männer Träger der Staatsgewalt.

Kennzeichnend für die **demokratischen Staaten** ist die **Bedeutung** der **politischen Parteien**. Diese sind in der Demokratie **unentbehrlich**; die demokratische Willensbildung setzt notwendig das Bestehen von Parteien voraus. Erst sie machen die einzelnen Bürger als Träger der staatlichen Gewalt handlungsfähig, indem sie sie zusammenschließen, die öffentliche Meinung vorbereiten und die vielen Einzelwillen zu einer Einheit gestalten.

Nach der **verfassungsrechtlichen** Stellung der **obersten Organe** unterscheidet man

a) **Parlamentsrepublik,**
b) **Präsidentschaftsrepublik.**

Bei der ersteren ist die Regierung von der Volksvertretung abhängig. Die **Minister** sind dem **Parlament verantwortlich** und haben **zurückzutreten**, wenn ihnen die Volksvertretung das **Vertrauen entzieht**.

Die **Präsidentschaftsrepublik** nennt man auch **gewaltentrennende** Republik. Bei dieser Art der Republik sind nach Möglichkeit Regierung und Parlament voneinander **unabhängig** gestaltet. Der **Präsident** ernennt und entläßt die Mitglieder des Kabinetts. Diese handeln nach **Anweisung des Präsidenten** und sind **ihm** (nicht der Volksvertretung) **verantwortlich**. Andererseits kann der Präsident die Volksvertretung nicht auflösen (Beispiel: Vereinigte Staaten von Nordamerika).

Bei der Vielfalt der möglichen Staatsformen ist die gegebene Darstellung natürlich nicht erschöpfend. Zwischen den beiden Extremen der absoluten Einherrschaft auf der einen Seite und der unmittelbaren Demokratie auf der anderen Seite können viele **Verbindungs-** und **Übergangsformen** vorkommen.

III. Wechsel der Staatsform

Die **Staatsform** ist dem **Wandel** unterworfen. Sie kann geändert werden

1. im Wege der Güte durch **Reformen**,
2. im Wege der sich **von selbst vollziehenden Entwicklung** (Evolution, Devolution),
3. durch **Revolution**, d. h. durch **Gewalt von unten**, von der **Masse des Volkes** aus,
4. durch **Staatsstreich,** d. h. durch **Gewalt** von **oben** aus.

Unter **Revolution** versteht man den **Umsturz** einer **rechtmäßig bestehen staatlichen Ordnung mit Gewalt**, getragen von der **Masse des Volkes**. Sie ist plötzliche, gewaltsame Veränderung der staatlichen Machtverhältnisse, dem bisherigen Recht widersprechend. Revolutionen entstehen in der Regel aus Abwehr gegen unhaltbare politische oder soziale Zustände, gegen den Druck eines absolutistischen oder diktatorischen Regimes, einer aristokratischen Herrschaft oder sonst einer bevorrechtigten Klasse im Staat. In **vielen Fällen bezweckt** daher die **Revolution** eine **Erweiterung der individuellen Freiheitsrechte**. Vielfach ist die Revolution einfach der kritische Wendepunkt einer längeren oder kürzeren politischen, sozialen oder geistigen Entwicklung. Die Revolutionäre wollen durch ein abgekürztes Verfahren erreichen, was eigentlich Angelegenheit einer längeren Entwicklung wäre. Ein

Übersicht über die Hauptarten der Staatsformen

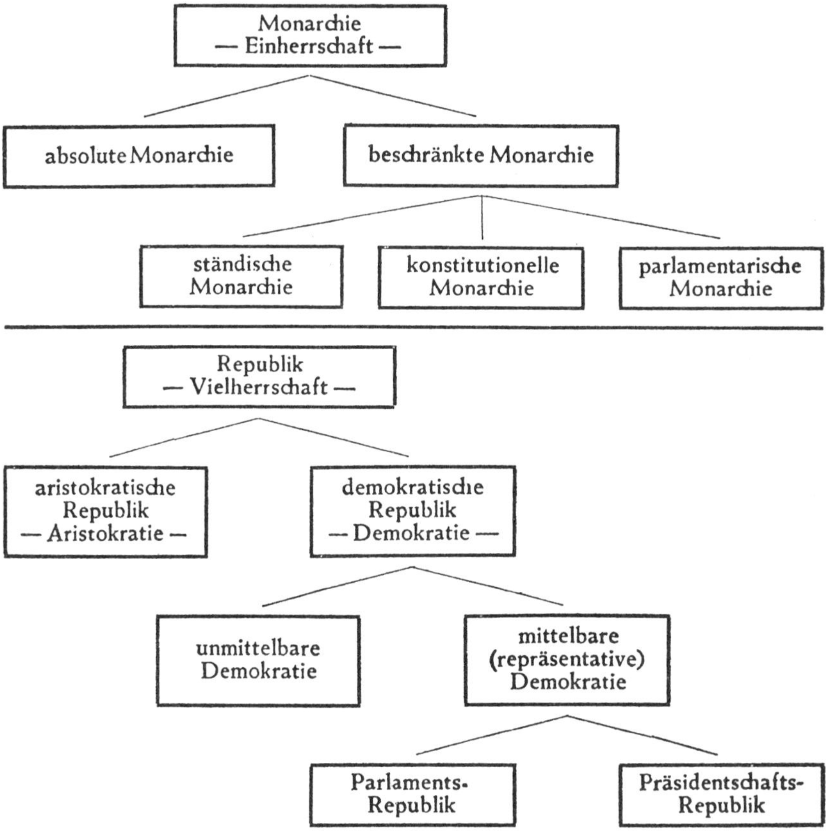

Vorgang, der zwar die tatsächliche Macht im Staat verschiebt, aber dem bisherigen Recht **nicht** widerspricht, ist **keine** Revolution (z. B. in einem nach bisherigem Recht einwandfreien Wahlverfahren errungener Wahlerfolg einer bisher unbedeutenden Partei).

Die **Legitimierung** der durch eine Revolution erworbenen tatsächlichen Herrschaft erfolgt durch die **Anerkennung des Volkes**. Die Volksanerkennung verleiht der nur tatsächlichen Macht die **rechtliche Macht.** Sie **erfolgt** entweder durch **Volksabstimmung über die neue Verfassung** oder aber auch nur durch **stillschweigende Anerkennung**, d. h. durch einfaches Sichfügen, durch bloßen Gehorsam.

Beispiele von **Revolutionen** sind: die französische Revolution von 1789, die Revolution 1848 in verschiedenen europäischen Staaten, die beiden russischen Revolutionen im Frühjahr und im Herbst 1917, die deutsche Revolution 1918.

Mit **Staatsstreich** bezeichnet man jeden **Gewaltakt** des **Inhabers der Regierungsgewalt** gegen die geltende Verfassung zur **rechtswidrigen**

Erweiterung seiner Macht sowie jede **rechtswidrige Ergreifung** der Regierungsmacht, **ohne** von der großen Masse des Volkes gestützt zu sein. Im Gegensatz zur Revolution, die durch die Masse des Volkes getragen wird, geht der Staatsstreich immer von **oben** aus.

Die Erweiterung der Befugnisse des Inhabers der Regierungsgewalt auf **verfassungsmäßigem** Weg ist **kein** Staatsstreich, da sie ja völlig **legal** erfolgt.

Genau wie bei der Revolution ist zunächst der neue Gewalthaber nur **tatsächlich, nicht** aber **rechtlich** im Besitz der **Macht.** Seine Macht wird nicht schon durch die Tatsache der Machtergreifung zur legitimen Rechtsmacht, sondern erst durch die **Anerkennung des Volkes**, die **ausdrücklich** oder **stillschweigend** erfolgen kann.

Revolution und Staatsstreich sind, gemessen an dem bis dahin geltenden Recht, das sie abschaffen, Unrecht.

Beispiele von **Staatsstreichen** sind: In Frankreich der Staatsstreich Napoleons III. 1851, in Italien der Staatsstreich durch Mussolini und in Spanien der durch Primo de Rivera 1922.

§ 9. Demokratische Regierungsformen

I. Parlamentarisches Regierungssystem

Unter **parlamentarischem Regierungssystem** versteht man die **Regierungsform**, bei der die **Regierung** vom **Willen der Volksvertretung abhängig** ist. Die Regierungsmitglieder müssen die Mehrheit des Parlaments hinter sich haben; sie müssen das **„Vertrauen“** der Volksvertretung besitzen. Die Minister haben **zurückzutreten**, wenn die Volksvertretung ihnen durch Mehrheitsbeschluß das **Vertrauen entzieht**. Es muß dann eine **neue**, vom **Mehrheitswillen der Volksvertretung** getragene **Regierung** gebildet werden.

Der Wille des Volkes kommt in der gewählten Volksvertretung zum Ausdruck. Da die Kabinettsmitglieder dieser gegenüber verantwortlich sind und ihres Vertrauens bedürfen, ist die Regierung abhängig von den Mehrheiten, die sich in der Volksvertretung ergeben. Die Regierung ist also **mittelbar** vom Volkswillen bestimmt.

Das parlamentarische Regierungssystem ist keine Staatsform, sondern eine **Regierungsform**. Es gibt **Monarchien mit** parlamentarischem System (wie z. B. England), es gibt aber auch **Republiken ohne** dieses System (z. B. die Vereinigten Staaten von Nordamerika). Das parlamentarische Regierungssystem kann als verfassungsrechtliche Einrichtung bestehen, kann aber auch durch Gewohnheitsrecht gegeben sein (z. B. in England).

In Staaten mit parlamentarischem Regierungssystem sind als **oberste Staatsorgane** vorhanden:

1. ein Staatsoberhaupt

Das **Staatsoberhaupt** ist mit Vollzugsrechten ausgestattet und kann entweder auf **bestimmte Zeit gewählt** sein (Staatspräsident in demokratischen Republiken) oder seine Stellung ist **erblich** und gilt auf **Lebenszeit** (Monarch in parlamentarischen Monarchien). Der Volksvertretung ist das Staatsoberhaupt **nicht** verantwortlich.

Es kann auch vorkommen, daß das **Staatsoberhaupt** völlig **fehlt,** so z. B. in der Weimarer Republik in den einzelnen Ländern des Deutschen Reiches. Hier standen an der Spitze der Regierungen Ministerpräsidenten.

2. eine Regierung

Die Minister sind der **Volksvertretung** verantwortlich und werden — wenn auch nicht der Form nach — von ihr **bestellt** und **abberufen.** Die **formelle Ernennung und Entlassung** der Kabinettsmitglieder geschieht durch das **Staatsoberhaupt** (Staatspräsident, Monarch). In der Regel werden die Minister der Volksvertretung entnommen.

Da in den einzelnen Ländern der Weimarer Republik kein Staatsoberhaupt vorhanden war, wurde entweder das gesamte Kabinett vom Landtag ernannt oder aber nur der Ministerpräsident, der dann die übrigen Regierungsmitglieder ernannte oder zur Berufung vorschlug.

Das Vertrauen kann der Regierung durch ein **formelles Mißtrauensvotum** entzogen werden, indem ausdrücklich **„das Mißtrauen ausgesprochen"** oder **„das Vertrauen entzogen"** wird, oder dadurch, daß in der Volksvertretung **die Forderung des Kabinetts,** ihm das **Vertrauen ausdrücklich auszusprechen, abgelehnt** wird. Ein Mißtrauensantrag kann als sog. Urantrag selbständig oder in Verbindung mit einem Punkt der Tagesordnung gestellt werden.

3. eine Volksvertretung

Die von der gesamten Staatsbürgerschaft auf bestimmte Zeit gewählte Volksvertretung kann aus einer oder aus zwei Körperschaften bestehen. In den meisten Staaten besteht die Möglichkeit der Auflösung durch das Staatsoberhaupt.

II. Präsidentielles Regierungssystem

Das **präsidentielle Regierungssystem** ist u. a. das System der Vereinigten Staaten von Nordamerika. Bei diesem System legt das Volk dem Präsidenten für seine Amtsdauer die hauptsächliche Gewalt in die Hände. In Staaten mit präsidentiellem System ist der **Präsident**, der vom **Volk** auf **Zeit** gewählt wird, Vollzugsorgan und der Volksvertretung **nicht** verantwortlich. Allerdings kann er von ihr **abgesetzt** werden, wenn er sich **schwerer Vergehen** schuldig macht. Der **Präsident ernennt und entläßt** die wichtigsten **Beamten,** führt die **Außenpolitik** und kann an die Volksvertretung **Adressen** (Kundgebungen) **richten.**

Die **Minister** werden vom **Präsidenten bestellt** und **abberufen.** Sie dürfen nicht Parlamentsmitglieder sein und sind im Gegensatz zu Staaten mit parlamentarischem Regierungssystem nicht der Volksvertretung, sondern dem **Präsidenten verantwortlich.**

In Staaten mit präsidentiellem System besteht die Volksvertretung in der Regel aus zwei Kammern. Der Präsident hat ein **Vetorecht** gegen Gesetze und Beschlüsse der Volksvertretung, ihm **fehlt** jedoch die **Befugnis,** diese **aufzulösen.**

III. Vollzugsratsystem

Die von der Volksvertretung auf **bestimmte Zeit** gewählte Regierung ist **Vollzugsorgan** und führt unter **Leitung der Volksvertretung** die Regierungsgeschäfte. Die Minister gehören der Volksvertretung nicht an. Die Volksvertretung besteht aus zwei Kammern und kann innerhalb der Wahlperiode nicht aufgelöst werden. Das Volk hat die Rechte des Volksbegehrens und des Volksentscheids.

§ 10. Staatenverbindungen

Man unterscheidet zwischen

I. völkerrechtlichen,
II. staatsrechtlichen Staatenverbindungen,

je nachdem die Rechtsbeziehungen zwischen den Staaten **völkerrechtlicher** oder **staatsrechtlicher Natur** sind.

Als wichtigste Staatenverbindungen sind zu nennen:

I. Völkerrechtliche Staatenverbindungen:

1. Bündnis (Allianz),
2. Staatenbund.

II. Staatsrechtliche Staatenverbindungen:

1. Personalunion,
2. Realunion,
3. Bundesstaat.

Eine **weltumfassende Staatenverbindung** ist die **UN** (United Nations). Sie ist ein **organisierter Zusammenschluß der meisten Kulturstaaten der Welt**. Gemäß Art. 1 der **„Charter of the United Nations“** (Verfassungsurkunde der Vereinten Nationen) sind ihre **Zwecke:**

Internationalen Frieden und Sicherheit zu wahren, unter den Nationen freundschaftliche Beziehungen zu entwickeln, internationale Zusammenarbeit zu erreichen bei der Lösung von internationalen Problemen wirtschaftlicher, sozialer, kultureller oder humanitärer Art und bei der Förderung und Unterstützung der Achtung vor den Menschenrechten und vor den Grundfreiheiten für Alle, und schließlich ein Mittelpunkt zu sein, um bei dem Erreichen dieser gemeinsamen Ziele die Aktionen der Nationen in Einklang zu bringen.

I. Völkerrechtliche Staatenverbindungen

1. Bündnis

Mit **Bündnis** oder **Allianz** bezeichnet man die **völkerrechtliche Verbindung mehrerer selbständiger Staaten** zur **Erreichung gemeinsamer Zwecke** in der **Außenpolitik**.

Entscheidend für den **Wert** des Bündnisses ist einmal die **Stärke** der **gemeinsamen Interessen** der Bündnispartner, zum anderen der **Geist der Ehrlichkeit** und **Treue,** mit dem die sich aus dem Bündnis ergebenden Verpflichtungen eingehalten werden. Das Bündnis wird im allgemeinen durch einen **urkundlichen Staatsvertrag** begründet. Es ist aber nicht unbedingt erforderlich, daß dem Bündnis ein formell ratifizierter Vertrag zugrunde liegt. Es genügen auch mündliche Abmachungen (z. B. zwischen Generalstäben), einfache Briefwechsel zwischen Staatsoberhäuptern, Notenwechsel der Minister usw. **Bündnisfähig** sind nur **Staaten** mit **voller Souveränität** (hierzu gehören z. B. nicht die Staaten eines Bundesstaates).

So vielgestaltig die Interessen der vertragschließenden Staaten sind, so **vielseitig** sind auch die **Zwecke,** die durch ein **Bündnis verfolgt werden.** Das Bündnis kann für längere Zeit oder aber auch nur für die Dauer eines Krieges, also auf begrenzte Zeit, abgeschlossen werden (Angriffs- oder Neutralitätsbündnis). Im Bündnisvertrag ist in der Regel bestimmt, wann der **Bündnisfall,** d. h. die **Verpflichtung des Vertragspartners** gegeben ist.

Das Bündnis wird **beendet** durch

a) Verzicht

b) Ablaufen der gesetzten Frist,

c) Kündigung,

d) Untergang des Vertragsgegenstandes,

e) Untergang der Rechtspersönlichkeit der Vertragsparteien.

Daneben kann ein Bündnis auch durch Nichterfüllung der Vertragspflichten (Treubruch) endigen.

Wenn die Verpflichtungen der vertragschließenden Staaten nicht im einzelnen fest umrissen sind, sondern lediglich **grundsätzliche** Vereinbarungen über Übereinstimmung in der Außenpolitik und freundschaftliches Verhalten getroffen werden, es sich also um elastische Abmachungen handelt, die die Handlungsfreiheit der Vertragspartner weitgehend wahren, spricht man von einer **Entente.**

Beispiele von **Bündnisverträgen:** Die Heilige Allianz (1815), das Bündnis zwischen Preußen und Italien für den Krieg mit Österreich (1866), die Bündnisse zwischen Preußen und den süddeutschen Staaten (1866), Bismarcks Dreikaiserbund mit Österreich-Ungarn und Rußland (1872).

2. Staatenbund

Unter **Staatenbund** versteht man eine **dauernde, auf Vertrag beruhende Verbindung mehrerer selbständiger Staaten** zum **Zweck** des **Schutzes** ihrer Territorien **nach außen** und der **friedlichen Zusammenarbeit untereinander.** Die einzelnen Staaten haben die gleichen Rechte und Pflichten. Sie **behalten** ihre volle Souveränität und sind lediglich verpflichtet, gemeinsam zu handeln. Die **Bundesgewalt** im Staatenbund erstreckt sich **nur** auf die **einzelnen Staaten, nicht** auch auf die **Angehörigen** dieser Staaten. Der Staatenbund hat **keine** eigene **Gesetzgebung** und nur in wenigen Fällen ein eigenes Heer. Die Bürger im Staatenbund sind nur Angehörige der einzelnen Gliedstaaten; es gibt **keine** besondere **Bundesangehörigkeit.**

Im Gegensatz zum Bundesstaat sind die Rechtsbeziehungen zwischen Gesamtstaat und Gliedstaaten völkerrechtlicher, nicht staatsrechtlicher Natur.

Die Schweiz war lange Zeit ein Staatenbund. Als bekanntester Staatenbund des 19. Jahrhunderts ist der Deutsche Bund (1815—1866) zu nennen.

II. Staatsrechtliche Staatenverbindungen

1. Personalunion

Die **Personalunion** ist eine lose Staatenverbindung und hat keine große Bedeutung mehr. Die einzelnen Staaten behalten ihre **volle Selbständigkeit** und treten **nach außen** hin als **getrennte** Mächte auf. Nur das **Oberhaupt** des Staates ist durch Zusammentreffen der Erbfolge oder durch Wahl des Monarchen **gemeinsam.** Andere gemeinschaftliche Organe sind nicht vorhanden.

Beispiele: Deutschland und Spanien unter Karl V., Sachsen und Polen, England und Hannover, Holland und Luxemburg (1839/90).

2. Realunion

Während bei der Personalunion die Verbindung meist durch das Zusammentreffen der Erbfolge eine **zufällige** ist, stellt die **Realunion** eine **gewollte** und **dauernde verfassungsmäßige Verbindung** dar. Auch bei der Realunion haben die Staaten ein **gemeinsames Staatsoberhaupt.** Die Gemeinsamkeit beschränkt sich aber nicht nur auf die Person des Herrschers; die Staaten haben außerdem **bestimmte Verfassungs- und Verwaltungseinrichtungen gemeinsam** (auswärtige Angelegenheiten, militärische Streitkräfte, Finanzwesen zur Bestreitung gemeinschaftlicher Ausgaben).

Die Staaten der Realunion behalten im **Innern** der Union ihre **Selbständigkeit** und treten nur dem **Ausland** gegenüber als **Gesamtmacht** auf.
Beispiele: Schweden und Norwegen (1814—1905), Österreich und Ungarn (1867 bis 1918).

3. Bundesstaat

Der **Bundesstaat** ist die **festeste Staatenverbindung.** Die **Vereinigung** mehrerer **selbständiger Staaten** zu einem **neuen übergeordneten** Staat, dem Bundesstaat, stellt eine staatsrechtliche Verbindung dar. Im Bundesstaat bestehen **zwei Staaten** auf **demselben** Gebiet, **zwei Staatsgewalten** erstrecken sich auf **denselben Raum** und **dieselben Menschen.** Der Gesamtstaat ist von den Einzelstaaten getrennt und besitzt **eigene** Staatsgewalt, **eigene** Gesetzgebung, **eigene** Staatsorgane und **eigenes** Vermögen. Sowohl der Gesamtstaat als auch die Gliedstaaten weisen die zur Erfüllung des Staatsbegriffs erforderlichen Elemente auf: Staatsvolk, Staatsgebiet und Staatsgewalt. Das Verhältnis des Gesamtstaates zu den einzelnen Gliedstaaten wird durch die **Bundesverfassung** bestimmt. Es besteht ein **System der Über- und Unterordnung.** Den **Gliedstaaten** ist ein **Einfluß** auf die **Leitung** des Bundes **eingeräumt.**

Bedingung für geordnete Verhältnisse im Bundesstaat ist die **Abgrenzung der Zuständigkeiten** zwischen Gesamtstaat und Gliedstaaten. In der Bundesverfassung werden die Aufgabengebiete so **abgegrenzt,** daß sich die Zuständigkeiten des Gesamtstaates und der Gliedstaaten **nicht überschneiden,** auf der anderen Seite aber auch **kein staatsleerer Raum** zwischen beiden entsteht. Vor allen Dingen zeigt sich dies in der **Gesetzgebung,** da im Bundesstaat die gesetzgebende Gewalt sowohl dem Gesamtstaat wie auch den Einzelstaaten zusteht. Der Gesamtstaat kann bestimmte Gebiete der Gesetzgebung ausschließlich für sich in Anspruch nehmen; die anderen überläßt er den Gliedstaaten. Da die **Einzelstaaten** dem **Gesamtstaat untergeordnet** sind, dürfen die Gesetze der einzelnen Länder den gesetzlichen Bestimmungen des Gesamtstaates **nicht zuwiderlaufen.** Wenn sie mit den Rechtssätzen des Gesamtstaates in Widerspruch stehen, sind sie ungültig. („Bundesrecht bricht Landesrecht".) Die Gesetze des Gesamtstaates sind nicht nur für die einzelnen Staaten verbindlich, sondern sie binden auch **unmittelbar die Staatsangehörigen** der **Gliedstaaten.** Vielfach besteht im Bundesstaat als Bundesorgan ein **Staatsgerichtshof,** der die Aufgabe hat, Streitfälle zwischen Gesamtstaat und Gliedstaaten beizulegen. Die Auflehnung eines Gliedstaates gegen die Bundesverfassung ist Verfassungsbruch. Die **Staatsangehörigkeit** im Bundesstaat ist in der Regel eine **doppelte:** Der Staatsbürger gehört sowohl dem **Gesamtstaat** als auch dem **Gliedstaat** an. Im allgemeinen wird die Staatsangehörigkeit im Gesamtstaat durch den Erwerb der Staatsangehörigkeit eines Gliedstaates vermittelt; sie kann aber auch direkt erworben werden (sog. unmittelbare Bundesangehörigkeit).

Der Bundesstaat hat gegenüber losen Staatenverbindungen, aber auch gegenüber dem Einheitsstaat den **Vorzug,** daß er auf der einen Seite die

staatlichen Kräfte zusammenfaßt, um vor allem nach außen hin als starke Macht auftreten zu können, aber auf der anderen Seite **Platz genug** läßt zur **Entwicklung der Besonderheiten** der einzelnen Volksgruppen oder Landschaften im Staat.

Beispiele: die Vereinigten Staaten von Nordamerika seit 4. 3. 1789, die Schweiz seit 1848, das Deutsche Reich von 1871—1918, die Deutsche Republik 1918—1933, die Bundesrepublik Deutschland seit 1949.

§ 11. Recht und Staat

In den heutigen Staaten bietet sich das **Recht** meist in Gestalt der staatlichen **Gesetze** und **Verordnungen** dar. Schöpfer des Rechts ist aber nicht nur der staatliche Gesetzgeber. Neben den Rechtsnormen, die der Staat gesetzt hat, gibt es auch noch andere, die **nicht vom Staat** erlassen und trotzdem **rechtsverbindlich** sind: die Normen des **Gewohnheitsrechts. Recht und Staat** sind auf das **engste verbunden und aufeinander angewiesen.** Der Staat bedarf der rechtlichen Anerkennung; das Recht benötigt die Staatsgewalt, die die Rechtssätze schützen und mit staatlichen Zwangsmitteln die Befolgung dieser Rechtssätze durchsetzt.

Der moderne Staat ist **Rechtsstaat.** Im Gegensatz zum Rechtsstaat steht der **Polizeistaat des 18. Jahrhunderts,** in dem der Untertan völlig gebunden war, kein Recht gegen die allmächtige Staatsgewalt und **keinen wirksamen Schutz** gegen **Übergriffe** der **staatlichen Gewalt** besaß. Der Polizeistaat kannte keine Schranken für seine Betätigung, vor allen Dingen nicht für seine Verwaltung, die zu damaliger Zeit dem Begriff der „Polizei" entsprach.

Im Polizeistaat wurde befohlen, wie Handel und Verkehr sich zu vollziehen hatten, welche gewerbliche Tätigkeit auszuüben war, wie die Landwirtschaft zu handeln hatte und wie Kunst und Wissenschaft gepflegt werden sollten. Der absolute Herrscher bestimmte allein, was der Wohlfahrt der Untertanen dienlich war.

Im **Rechtsstaat** wird die **Freiheit des einzelnen dadurch gewährleistet,** daß der Staat ihm in der Verfassung **Grund- und Freiheitsrechte zusichert** und **sich selbst,** seine Organe und Behörden den **Gesetzen unterordnet.** Nicht nur die Rechtsprechung ist an die Gesetze gebunden, sondern auch die Verwaltung und in gewissem Maße auch die Gesetzgebung.

Der **Gesetzgeber** ist beim Erlaß von Rechtssätzen an die Bestimmungen der **Verfassung gebunden.** Ein Verstoß gegen Verfassungsbestimmungen hat zur Folge, daß das Gesetz **ungültig** ist und die Gerichte nicht bindet. Ein von den in der Verfassung gegebenen Normen abweichendes Gesetz hat nur dann Geltung, wenn es mit verfassungsändernder Mehrheit beschlossen wurde. Von der **Exekutive** erlassene **Rechtssätze (Rechtsverordnungen)** müssen auf **Ermächtigung durch ein formelles**

Gesetz beruhen und sich im **Rahmen** dieser Ermächtigung bewegen. Wenn diese Voraussetzungen nicht erfüllt sind, hat eine Rechtsverordnung keine Gültigkeit.

Der **Richter** ist nur dem **Gesetz unterworfen und unabhängig** von **Weisungen** irgend eines Exekutivorgans. Er hat die Befugnis, die Gesetze dahingehend zu überprüfen, ob sie auf dem verfassungsmäßig vorgeschriebenen Weg zustande gekommen sind und ob sie nicht gegen einen Verfassungsgrundsatz verstoßen. Schließlich muß im Rechtsstaat die **Verwaltung** gesetzmäßig sein. Der **Grundsatz der Gesetzmäßigkeit der Verwaltung** besagt, daß ein den Bürger **belastender Verwaltungsakt ohne gesetzliche Grundlage nicht statthaft** ist. Dem **Betroffenen** muß die **Möglichkeit** gegeben sein, die ihn belastende Handlung der Verwaltungsbehörde **unabhängigen Gerichten** vorzulegen, um eine **Entscheidung** darüber zu erhalten, ob diese **rechtmäßig** ist, also den Gesetzen entspricht oder nicht. Zu diesem Zweck bedient man sich in manchen Staaten der ordentlichen Gerichte (z. B. im anglo-amerikanischen Rechtsgebiet); vielfach werden auch besondere Gerichte eingerichtet **(Verwaltungsgerichte).** Die Verwaltungsgerichte sind von **Weisungen der Verwaltung unabhängig** und wie die ordentlichen Gerichte nur dem **Gesetz unterworfen.**

§ 12. Rechtsgestaltung

I. Begriff des Rechts

Das Recht ist die Ordnung, die das Zusammenleben der Menschen bindend regelt. Es beruht auf dem **Grundsatz der objektiven Gerechtigkeit** und besteht aus **Geboten, Verboten und Gewährungen.** Es erfordert eine Autorität, die die Rechtsnormen setzt, eine Gemeinschaft von Menschen, die dieses Recht annimmt, einen Geltungsbereich und schließlich gemeinsame Interessen, denen das Recht dienen soll.

Die **Aufgabe** des Rechts ist, das **menschliche Zusammenleben** zu **regeln,** Ungerechtigkeit und Willkür auszuschließen und somit Frieden und Ordnung zu sichern.

Das Recht ist zu unterscheiden von den verwandten Ordnungen der **Sitte** und **Sittlichkeit.** Diese enthalten wie das Recht Gebote für das menschliche Verhalten. Die **Sitte** ist die aus der **Lebensgewohnheit** entstandene **Umgangsform innerhalb einer menschlichen Gesellschaft.** Man findet die Sitte auf fast allen Gebieten des Lebens: Gesellschafts- und Höflichkeitsformen, Handels- und Berufsbräuche usw. Recht und Sitte bestimmen zwar beide ein **äußeres** Verhalten, aber die aus der Sitte erwachsenden Pflichten gehen in der Regel weiter als die rechtlichen Pflichten. Die **Sitte entbehrt** — und darin unterscheidet sie sich vom Recht — **des staatlichen Zwanges.** Sie kann mit dem Recht übereinstimmen, kann aber auch mit dem Recht in Widerspruch stehen (z. B. bei der Sitte des Zweikampfes).

Die **Sittlichkeit,** deren Gebote ethischer Haltung oder religiöser Wurzel entspringen, **verlangt** im Gegensatz zum Recht **nicht** das **Vorhandensein einer**

menschlichen Gemeinschaft. Sie regelt nicht wie Recht und Sitte ein äußeres Verhalten (ein Handeln oder Unterlassen), sondern sie **verlangt** eine **innere Gesinnung,** einen **inneren Entschluß zum Guten.**

II. Rechtsquellen

Das Recht entsteht aus der Rechtsüberzeugung des Volkes. Seinen sichtbaren Ausdruck findet das Recht in den festgelegten Rechtssätzen, die entweder **geschriebenes** oder **ungeschriebenes** Recht sind und die **Rechtsordnung** darstellen.

Vier Quellen kommen als rechtserzeugend in Betracht:

1. **Gesetz,**
2. **Verordnung,**
3. **Satzung als** geschriebenes, gesetztes Recht (Satzungsrecht),
4. **Gewohnheitsrecht** als ungeschriebenes Recht.

1. Gesetz

a) Begriff und Zweck

Man unterscheidet zwischen Gesetzen im **formellen** Sinn und Gesetzen im **materiellen Sinn.**

Unter Gesetz im **formellen Sinn** versteht man die in den **vorgeschriebenen Formen** von den **verfassungsmäßig zuständigen Gesetzgebungsorganen erlassenen Rechtssätze.**

Dagegen hat man unter Gesetz im **materiellen Sinn** das Gesetz seinem **Inhalt** nach zu verstehen; also **jeden Rechtssatz** schlechthin. Ohne Bedeutung ist, woher der Rechtssatz stammt und ob er geschrieben oder ungeschrieben ist.

Die formellen Gesetze **enthalten** in der Regel **materielles** Recht. Es kann aber auch zuweilen so sein, daß ein formelles Gesetz keine allgemein verbindlichen Rechtssätze enthält (z. B. der Haushaltsplan des Staates. Dieser ist der **Form** nach Gesetz, dem **Gegenstand** nach Verwaltung).

Auf der anderen Seite braucht materielles Recht nicht unbedingt formelles Recht zu sein (z. B. die Rechtssätze der Rechtsverordnung und des Gewohnheitsrechtes sind materielles, aber kein formelles Recht).

Der **Zweck** des Gesetzes — wie jedes Rechtssatzes überhaupt — ist, das Zusammenleben innerhalb der staatlichen Gemeinschaft zu ordnen und zu regeln, da ohne Ordnung ein Zusammenleben der Individuen nicht denkbar ist.

Das Gesetz **verpflichtet** den Menschen, indem es ihm ein **bestimmtes Verhalten vorschreibt (Gebotsgesetz)** oder ein bestimmtes **Handeln** verbietet **(Verbotsgesetz).** Auf der anderen Seite aber **berechtigt** das Gesetz den Menschen und gibt ihm Befugnisse.

Das Gesetz ist also:

aa) **gebietend** (z. B. das Gesetz gebietet dem Käufer einer Sache, den Kaufpreis zu zahlen),

bb) **verbietend** (z. B. verbietet das Gesetz, sich an dem Eigentum eines anderen zu vergehen),

cc) **gewährend** (z. B. das Gesetz gewährt dem Eigentümer Herrschaftsrechte über die in seinem Eigentum stehenden Sachen).

Das Gesetz bedarf zu seiner Rechtsverbindlichkeit der **Veröffentlichung**.

b) **Arten der Gesetze**

1. Haupt- und Nebengesetze

Die **Nebengesetze** haben die Aufgabe, das Hauptgesetz zu **ergänzen.**

Strafrechtliche Nebengesetze sind z. B.: Das Gesetz über den Verkehr mit Nahrungs- und Genußmitteln, das Pressegesetz, das Kraftfahrzeuggesetz usw. **Nebengesetze des BGB** sind u. a.: Das Gesetz über Zwangsversteigerung und Zwangsverwaltung, die Grundbuchordnung und das Gesetz über die Angelegenheiten der freiwilligen Gerichtsbarkeit.

2. Einführungsgesetze

Die **Einführungsgesetze** haben die Aufgabe, den **Übergang** aus dem alten Recht in das neue Recht zu ermöglichen. Sie **führen** das **Hauptgesetz** ein.

3. Ausführungsgesetze

Die **Ausführungsgesetze** dienen der **Durchführung** und **Ausführung** von Gesetzen und **klären** häufig bestehende **Unklarheiten.**

4. Spezialgesetze

Unter **Spezialgesetzen** versteht man solche Gesetze, die die rechtlichen Beziehungen eines **bestimmten Personenkreises** oder eine **spezielle Materie** regeln.

Das **HGB** z. B. hat nur Geltung für einen bestimmten Personenkreis, für die Kaufleute. Das **Wechselrecht** befaßt sich lediglich mit dem Wechsel, regelt also eine spezielle Materie.

5. Rahmengesetze

Die **Rahmengesetze** bezeichnet man auch vielfach als **Mantelgesetze.** Sie enthalten nur einen bestimmten Rahmen, sie geben die **Richtlinien,** unter denen ein Programm später verwirklicht werden soll. Diese Rahmengesetze treten hauptsächlich dann in Erscheinung, wenn der Gesetzgebungsapparat überlastet ist oder für die Durchführung des nur skizzierten Programms die wirtschaftlichen oder politischen Verhältnisse noch nicht reif genug erscheinen.

6. Ermächtigungsgesetze

Das **Ermächtigungsgesetz** ist eine **Unterart** des **Rahmengesetzes.** Der Gesetzgeber **ermächtigt** durch das Ermächtigungsgesetz irgendeine

Stelle, den im Gesetz erklärten Willen des Gesetzgebers zu verwirklichen.

c) **Gesetzgebungsverfahren**

Das Gesetzgebungsverfahren wird im Staatsgrundgesetz, in der **Verfassung**, vorgeschrieben. Es gliedert sich in mehrere Abschnitte:

1. **Einbringen des Gesetzesvorschlags** (Gesetzesinitiative),
2. **Feststellung des Inhalts des Gesetzes,**
3. **Sanktion,** d. h. der staatsrechtliche Akt, der dem Gesetz Gesetzeskraft verleiht (Beschlußfassung),
4. **Ausfertigung und Verkündung des Gesetzes** (Promulgation und Publikation).

d) **Gegenstand der Gesetzgebung**

Gegenstand der Gesetzgebung ist alles, was dem **Staatsinteresse** und dem **Gemeinwohl dient.** Das Gesetz soll seinem Inhalt nach volkstümlich, d. h. der Psyche des Volkes angepaßt sein. Der Gesetzgeber muß die seelische und religiöse Einstellung des Volksganzen in Betracht ziehen. Er soll nur die Gebiete gesetzgeberisch erfassen, die dringend einer staatlichen Regelung bedürfen. Die individuellen Freiheitsrechte des Bürgers dürfen nicht angetastet werden.

Es läßt sich nicht vermeiden, daß die Gesetze Härten enthalten, aber diese **Härten** sollen in den **Grenzen des Erträglichen** gehalten werden. Bei allen Gesetzgebungshandlungen muß der Gesetzgeber sich vor Augen halten, daß er nicht das Recht zu **schaffen,** sondern zu **finden** hat, indem er die Sätze des natürlichen Rechts den gegebenen Verhältnissen anpaßt und in **positive Rechtssätze formt.**

e) **Kodifikation**

Unter Kodifikation versteht man die **zusammenfassende Regelung eines größeren Rechtsgebietes.** Um ein Übermaß an Gesetzen zu vermeiden — was zur Gleichgültigkeit in der Beachtung der Gesetze führt (vgl. auch das Sprichwort: „Je mehr Gesetze, desto weniger Recht") — und ein Rechtsgebiet übersichtlicher zu gestalten, soll der Gesetzgeber seine Gesetze sammeln, **kodifizieren.** Er soll die Rechtsvorschriften innerhalb eines Rechtsgebietes in **einem** Gesetzbuch vereinigen und alle Gesetze, die durch jüngere Rechtssätze überholt sind, **ausdrücklich aufheben.**

f) **Auslegung**

Die **Auslegung** eines Gesetzes (auch **Interpretation** genannt) ist die **Feststellung des Inhalts und des Umfangs einer Gesetzesstelle.** Sie setzt voraus, daß das Gesetz einen bestimmten, wenn auch nicht klaren Inhalt hat. Es ist nun **Aufgabe** der Auslegung, diesen **Gesetzesinhalt zu ermitteln,** den **Sinn** der Rechtsvorschrift klarzustellen.

Die Auslegung kann sein:

1. eine **authentische,**

wenn der **Gesetzgeber selbst** im Gesetz oder in einem Nachtrag zum Gesetz eine Auslegung gibt. In diesem Fall muß sich der Richter an die vom Gesetzgeber gegebene Auslegung halten.

2. eine **usuelle,**

wenn der **Richter** das Gesetz auslegt. Diese Form der Auslegung ist die häufigste. In erster Linie ist der **Wortlaut** des Gesetzes zur Auslegung heranzuziehen (sog. **grammatische Interpretation**). Ist er klar, dann bedarf es keiner Deutung. Wichtig für die Erfassung des Wortsinns ist die Beherrschung der technisch-juristischen Ausdrucksweise.

Falls die grammatische Interpretation zu keinem befriedigenden Ergebnis führt, ist nach dem **Sinn und Zweck** des Gesetzes zu forschen (sog. **teleologische Interpretation**).

Es ist nicht immer leicht, den Willen des Gesetzgebers festzustellen. Fingerzeige hierfür können die vielfach den Gesetzen beigegebenen **Motive, Begründungen** und Materialien sowie die **Zeitverhältnisse** beim Erlaß der Gesetze bieten.

Die Auslegung von Gesetzen wird nie zu vermeiden sein, denn der Gesetzgeber kann unmöglich in seinen Gesetzen **alle** vorkommenden einzelnen **Rechtsfälle** regeln.

Rechtsschöpfung (Analogie). Die Interpretation ist zu unterscheiden von der **Analogie.** Diese ist als **Rechtsschöpfung** zu bezeichnen. Es kann vorkommen, daß ein Gesetz **Lücken** enthält. Durch die Analogie wird die in einem Gesetz vorhandene Lücke **sinngemäß durch eine für einen ähnlichen Fall geltende Rechtsnorm ausgefüllt,** ein gesetzlicher Gedanke also auf einen ähnlichen Fall ausgedehnt.

Gesetzeskonkurrenz. Es ist möglich, daß ein Sachverhalt den Tatbestand **mehrerer** gesetzlicher Bestimmungen erfüllt **(Gesetzeskonkurrenz). Folgen**de Fälle sind möglich:

1. Mehrere Vorschriften können **nebeneinander** zur Anwendung gelangen und sich **nicht** widersprechen oder **nach Wahl** in Betracht kommen (z. B. liegt bei Unterschlagung durch einen Kassenbeamten eine strafbare Handlung und ein Disziplinarvergehen vor. Es wird sowohl ein Strafverfahren als auch ein Disziplinarverfahren eingeleitet).

2. Mehrere Gesetzesbestimmungen **widersprechen** sich und **schließen** dadurch **einander aus.** Hier gilt u. a. die Regel, daß **spezielle** Rechtsvorschriften gegenüber Vorschriften **allgemeiner Natur den Vorrang** haben.

g) Geltungsdauer der Gesetze

Die Gesetze bleiben so lange in Kraft, bis sie aufgehoben werden. Die Aufhebung kann **ausdrücklich** geschehen, es kann aber auch so sein, daß ein Gesetz **außer Kraft** tritt, weil sein **Inhalt** von einem **jüngeren Gesetz überholt** ist, d. h. die Bestimmungen des jüngeren Gesetzes mit dem älteren in Widerspruch stehen. Es kann aber dabei der Fall eintreten, daß **nur Teile** des alten Gesetzes durch das jüngere Gesetz außer Kraft gesetzt werden. Inwieweit die Bestimmungen des jüngeren Gesetzes in das alte Recht eingreifen und welche Veränderungen sie für unter dem alten Gesetz begründete Rechtsverhältnisse mit sich bringen, muß im einzelnen Fall durch Auslegung festgestellt werden.

2. Verordnung

a) Rechtsverordnung

Rechtsverordnungen enthalten genau wie Gesetze **Rechtsnormen,** die für die **Gesamtheit der Bürger verbindlich sind,** die aber im Gegensatz zum Gesetz **nicht** von der **Legislative,** sondern von der vollziehenden **Gewalt des Staates (der Exekutive)** erlassen werden. Die **Rechtsverordnungen** treten an die Stelle der formellen Gesetze und enthalten wie diese **allgemein verbindliche Anordnungen.** Sie sind also Gesetze im **materiellen** Sinne. Sie **unterscheiden** sich von den **Gesetzen** durch die **Form des Zustandekommens.** Beim Erlaß von **Verordnungen** wird das **Vollzugsorgan** im Staat tätig, während die **Gesetze** von den verfassungsmäßig zuständigen **Gesetzgebungsorganen** erlassen werden.

Voraussetzung zum Erlaß einer Rechtsverordnung ist, daß eine **ausdrückliche Ermächtigung** vorliegt auf Grund der **Verfassung** oder auf Grund eines auf dem **verfassungsmäßigen Wege** zustande gekommenen **Gesetzes. Ohne** diese **besondere Ermächtigung** ist die Verordnung **rechtsunwirksam.** Da die Rechtsverordnungen Gesetze im materiellen Sinne darstellen, bedürfen sie wie die formellen Gesetze zu ihrer Verbindlichkeit der **Veröffentlichung** (Publikation).

Unterarten der Rechtsverordnung:

1. Die **Ausführungsverordnungen** dienen der Durchführung von Gesetzen und klären etwa vorhandene Unklarheiten. Sie müssen sich im Rahmen des Gesetzes halten und dürfen das Gesetz lediglich ergänzen. Sie **können** allgemein verbindliche Rechtssätze enthalten; in der Regel sind sie allerdings keine **Rechtsverordnungen,** sondern nur **Verwaltungsverordnungen,** wenden sich also nur **anweisend** an die **Behörden** und binden die Allgemeinheit nicht.

2. Polizeiverordnungen sind **Gebote** oder **Verbote polizeilichen Inhalts,** deren Übertretung mit Strafe bedroht ist. Zum Erlaß von Polizeiverordnungen bedarf es ausdrücklicher **Ermächtigung.** In der Regel enthalten die Landesgesetze Vorschriften darüber, welche Polizeibehörden zum Erlaß von Polizeiverordnungen berechtigt sind.

b) Verwaltungsverordnung

Die **Verwaltungsverordnungen** enthalten **keine Vorschriften,** die die **Allgemeinheit binden,** sondern sie wenden sich nur **anweisend** und belehrend an die **Behörden.** Sie enthalten also **keine materiellen Rechtssätze,** sondern nur Weisungen für die Verwaltung. Diese Weisungen gelten nur für den **inneren Dienstbetrieb** und binden nur die Verwaltungsbehörden. Ein Verstoß gegen solche Verwaltungsvorschriften stellt keine Gesetzesverletzung dar, denn sie sind nur verbindlich für die Beamten und Angestellten der Körperschaft, an die sie gerichtet sind. Die Beamten, die eine Verwaltungsverordnung nicht beachten, machen sich **disziplinarrechtlich** strafbar.

Verwaltungsverordnungen zur Ausführung von Gesetzen nennt man **Ausführungsanweisungen** oder **Ausführungsbestimmungen.** Wenn sie nicht der Ausführung von Gesetzen dienen, bezeichnet man sie auch als **Erlasse, Runderlasse, Anordnungen** oder **Dienstanweisungen.** Die Verwaltungsverordnungen brauchen **nicht** veröffentlicht zu werden.

3. Satzung

Die Satzungen, **auch Statuten** genannt, enthalten **Rechtssätze mit örtlich begrenztem Wirkungskreis.** Satzungen werden von öffentlich-rechtlichen Körperschaften (insb. **Gemeinden** und Kommunalverbänden) auf Grund **besonderer gesetzlicher Ermächtigung** erlassen. Sie müssen sich im **Rahmen der geltenden Gesetze und Rechtsverordnungen** halten und beschränken sich auf den Wirkungskreis der sie erlassenden Körperschaft.

Besondere Bedeutung besitzen die Satzungen der Gemeinden. Die Gemeinden schaffen auf Grund gesetzlicher Ermächtigung durch ihre Satzungen (Hauptsatzung, Satzungen über Anschluß- und Benutzungszwang usw.) allgemein verbindliches **Ortsrecht.**

4. Gewohnheitsrecht

Das **Gewohnheitsrecht** ist **ungeschriebenes** Recht im Gegensatz zum geschriebenen, gesetzten Recht. Es ist nicht von einem Rechtsetzungsorgan zur Befolgung anbefohlenes Recht, sondern **Recht,** das in der **Rechtsüberzeugung** des **Volkes** lebt und unmittelbar der Rechtsübung der Rechtsgemeinschaft entspringt.

Das Gewohnheitsrecht ist durch **fortdauernde, gewohnheitsmäßige Anwendung** eines als **„Recht"** empfundenen **Grundsatzes innerhalb einer menschlichen Gemeinschaft** entstanden.

Zwei **Voraussetzungen** sind also für sein Entstehen erforderlich:

a) **gewohnheitsmäßige Anwendung,** die tatsächliche dauernde Übung in der Rechtsgemeinschaft,

b) die **Überzeugung des Volkes,** daß diese Regeln **„Recht"** sind.

Das Gewohnheitsrecht ist selbständiges und vollwertiges Recht, also gleichberechtigtes Recht. Es bildet den Anfang jeglichen Rechtslebens und ist **die Urquelle** des **geschriebenen** Rechts.

Heute ergänzt das Gewohnheitsrecht nicht nur das gesetzte Recht, sondern kann es auch verdrängen, d. h. abändern und aufheben. In diesem Fall muß man jedoch strenge Anforderungen für das Bestehen eines Gewohnheitsrechtes stellen. Es ist klar, daß **partikulares** Gewohnheitsrecht geltendes **Bundesrecht** nicht aufheben oder abändern kann.

Man unterscheidet

a) **gemeines,**
b) **partikulares** Gewohnheitsrecht.

Gemeines Gewohnheitsrecht ist das Gewohnheitsrecht, das ein **ganzes,** einheitliches **Rechtsgebiet** umschließt (z. B. das ganze deutsche Bundesgebiet als sog. bundesrechtliches Gewohnheitsrecht), **partikulares** Gewohnheitsrecht dasjenige, das nur für einen **Teil** dieses ganzen Rechtsgebietes in Geltung steht. Der Gesetzgeber muß bemüht sein, ein allzu starkes Ansteigen der gewohnheitsrechtlichen Normen und damit eine gewisse Rechtsunsicherheit zu verhüten, indem er das Gewohnheitsrecht in gesetztes, geschriebenes Recht überführt.

Das Gewohnheitsrecht ist ein geeignetes Mittel, Gesetze auszulegen und Lücken im Gesetz zu schließen.

Ein Gewohnheitsrecht, das nur für einen **engeren Kreis** besteht, wird als **Observanz** bezeichnet.

III. Arten des Rechts

Nach der Erscheinungsweise des Rechts unterscheidet man

1. natürliches und positives Recht.

Natürliches Recht ist das Recht, das von keiner rechtsetzenden Gewalt gegeben ist, sondern im **natürlichen Empfinden** des Menschen wurzelt. Beim natürlichen Recht handelt es sich nur um allgemeine Rechtsgrundsätze, die in Beziehung zum sittlichen Gewissen stehen.

Positives Recht ist das Recht, das von einer **rechtsetzenden Gewalt** ausdrücklich **gesetzt** ist (z. B. ein Gesetz).

Innerhalb des positiven, also des von einer rechtsetzenden Gewalt gegebenen Rechtes, unterscheidet man

2. staatliches und kirchliches Recht.

Das **staatliche** Recht wird vom **Staat** gesetzt, während das **kirchliche** Recht, auch **kanonisches** Recht genannt, von der **Kirche** zur Befolgung anbefohlen wird.

Innerhalb des staatlichen Rechts kann man noch zwischen dem staatlichen Recht im **engeren Sinne** und dem **autonomen** Recht (dem Recht der autonomen Körperschaften im Staat, durch Erlaß von Satzungen rechtsbildend für ihren Bereich zu wirken) unterscheiden.

Nach der Art der zu regelnden Rechtsbeziehungen unterscheidet man innerhalb des staatlichen Rechts

3. öffentliches und privates Recht.

Diese Einteilung des Rechts geht auf das römische Recht zurück (jus privatum und jus publicum).

Das **öffentliche** Recht regelt die **Rechtsbeziehungen** des **Staates** und der **öffentlich-rechtlichen Verbände** zu den **einzelnen Menschen** als Glieder der staatlichen Gemeinschaft und die Rechtsbeziehungen der öffentlichen Körperschaften **untereinander.**

Es ist gekennzeichnet durch ein **Über-** und **Unterordnungsverhältnis.** Der **Staat** ist dem einzelnen **übergeordnet.** Staat und Bürger verkehren also nicht — wie beim Privatrecht — auf der Ebene der Gleichberechtigung miteinander, sondern der Bürger ist der hoheitlichen Gewalt des Staates unterworfen.

Zum **öffentlichen Recht** gehören:

a) das Verfassungsrecht,

b) das Verwaltungsrecht,

c) das Prozeßrecht (Zivil- und Strafprozeß),

d) das Strafrecht.

Das Unterordnungsverhältnis des einzelnen ist am deutlichsten beim Strafrecht zu erkennen. Der Rechtsbrecher ist der staatlichen Gewalt vollkommen unterworfen.

Das **Privatrecht** behandelt die **rechtlichen Beziehungen** der **einzelnen Menschen untereinander** als **Gleichberechtigte** wie auch die der öffentlich-rechtlichen Körperschaften, insoweit sie sich auf den Boden der Gleichberechtigung stellen.

Nach den Bestimmungen des BGB z. B. haben bei einem Kaufvertrag Käufer und Verkäufer fest umrissene Rechte und Pflichten. Diese ergeben sich aus den Abmachungen des Vertrages. Keiner der Vertragspartner braucht gegen seinen Willen irgendeine Verpflichtung zu übernehmen. Streitfälle aus einem privaten Rechtsverhältnis entscheidet das ordentliche Gericht nach den Vorschriften der Zivilprozeßordnung. Auch in diesem Gerichtsverfahren sind beide Parteien völlig gleichberechtigt.

Auch der **Staat** tritt im **Privatrecht** dem einzelnen nicht als Übergeordneter, sondern vollkommen **gleichberechtigt** gegenüber, z. B. beim Abschluß eines Miet- oder Pachtvertrages. In einem solchen Fall spricht man vom Staat als **Fiskus.**

Nicht gleichbedeutend mit Privatrecht ist der Begriff des **„Bürgerlichen Rechts".** Unter Bürgerlichem Recht versteht man nur die Vorschriften des Bürgerlichen Gesetzbuches (BGB) und seiner Nebengesetze. Das Bürgerliche Recht ist also nur ein **Unterbegriff** und damit nur ein **Teil des Privatrechts.**

Zum Privatrecht gehören außer dem BGB und den Nebengesetzen zum BGB z. B. noch das Handelsrecht sowie das Erfinder- und Urheberrecht.

Die aus dem römischen Recht stammende Unterscheidung zwischen öffentlichem und privatem Recht ist deutschem Rechtsdenken immer fremd geblieben; daher lassen sich Überschneidungen nicht immer vermeiden (z. B. im Mietvertragsrecht). In England und Amerika kennt man die Unterscheidung zwischen öffentlichem und privatem Recht nicht.

Man unterscheidet weiter

4. objektives und subjektives Recht.

Unter **objektivem** Recht versteht man die **gesamte Rechtsordnung,** also die Summe der Vorschriften, die das Zusammenleben der Menschen innerhalb der staatlichen Gemeinschaft bindend regeln.

Das **subjektive** Recht ist die **Berechtigung,** die Befugnis, die dem **einzelnen** von der **Rechtsordnung,** dem objektiven Recht, **gewährt wird** und dem Schutz eines bestimmten Interesses dient. Dem subjektiven **Recht** entspricht eine **Pflicht** auf der Gegenseite (ein Tun oder Unterlassen).

Aus dem objektiven Recht gehen also in den Fällen, bei denen die Voraussetzungen zur Anwendung der allgemeinen Rechtsnormen gegeben sind, **subjektive** Rechte und Pflichten der einzelnen und einzelne **Rechtsverhältnisse** zwischen ihnen hervor.

Grundlage des subjektiven Rechts ist das **Rechtsverhältnis.** Unter **Rechtsverhältnis** versteht man die **rechtlichen Beziehungen** zwischen **Personen** untereinander (z. B. das Verhältnis zwischen Pächter und Verpächter usw.) oder zwischen **Personen und Sachen. Folge** des subjektiven Rechts ist der **Anspruch.** Der Anspruch umfaßt das **Recht,** von einem anderen ein **Tun** oder **Unterlassen** zu **verlangen.**

Schließlich unterscheidet man noch

5. nationales und internationales Recht.

Das **nationale** Recht bezeichnet man auch als innerstaatliches Recht, während man das **internationale** auch das zwischenstaatliche Recht nennt.

Das internationale Recht kann sein:

a) internationales öffentliches Recht **(Völkerrecht),**
b) internationales Privatrecht.

ZWEITER TEIL

Bundesstaatsrecht

§ 1. Die Entstehung des Grundgesetzes

Um das **gesamte Deutschland** nach dem zweiten Weltkriege, der mit der am 8. 5. 1945 erfolgten bedingungslosen Kapitulation eine vollkommene Zerrüttung des deutschen Staates herbeigeführt hatte, **neu zu organisieren,** mußten **die vier Besatzungsmächte** eine **einheitliche Lösung** der Fragen einer **gemeinsamen Deutschlandpolitik** finden.

Da die entsprechenden Versuche der Besatzungsmächte fehlschlugen, traten im Frühjahr 1948 **Vertreter der westlichen Besatzungsmächte** in London zur **Aufstellung eines politischen** und **wirtschaftlichen Programms für die Westzonen Deutschlands** zusammen.

Entsprechend den **Londoner Vereinbarungen** ermächtigten **die Militärgouverneure** der amerikanischen, britischen und französischen Besatzungszone in Deutschland in Übereinstimmung mit den Beschlüssen ihrer Regierungen im **Dokument Nr. I** am **1. 7. 1948** die Ministerpräsidenten der Länder ihrer Zonen, eine **Verfassunggebende Versammlung** einzuberufen, die spätestens am **1. 9. 1948** zusammentreten sollte. Diese Versammlung sollte eine **demokratische Verfassung** ausarbeiten, „die für die beteiligten Länder eine Regierungsform des föderalistischen Typs schafft, die am besten geeignet ist, die zerrissene deutsche Einheit wiederherzustellen, die die Rechte der beteiligten Länder schützt, eine angemessene Zentralinstanz schafft und die Garantien der individuellen Rechte und Freiheiten enthält."

Das ebenfalls am **1. 7. 1948** den Ministerpräsidenten der Westzonen übermittelte **Dokument Nr. II** enthält den **Auftrag** zur **Überprüfung der Ländergrenzen,** während mit dem **Dokument Nr. III Grundsätze** über die **Abgrenzung der Befugnisse und Zuständigkeiten** zwischen der zukünftigen **deutschen Regierung** und den **Besatzungsmächten** mitgeteilt wurden.

Vom 8. bis 10. 7. 1948 versammelten sich die Ministerpräsidenten der Länder der drei westlichen Besatzungszonen in Koblenz zur **Beratung** über die Dokumente der Militärgouverneure. Die Aufträge der Militärgouverneure wurden einer eingehenden Diskussion unterzogen und die **Auffassungen** der Ministerpräsidenten in den **„Beschlüssen der Koblenzer Konferenz der Ministerpräsidenten vom 8. bis 10. 7. 1948"** niedergelegt. Die Ministerpräsidenten erklärten, von der ihnen erteilten Ermächtigung Gebrauch machen zu wollen, brachten jedoch zum Ausdruck, daß es sich lediglich um ein **Provisorium** handele und daß nach ihrer Meinung eine deutsche Verfassung erst dann geschaffen werden könne, wenn dem **gesamten** deutschen Volk die Möglichkeit gegeben ist, sich in **freier Selbstbestimmung** zu konstituieren; bis zu diesem Zeitpunkt könnten nur **vorläufige** organisatorische Maßnahmen getroffen werden. Aus diesem Grunde wählten die Ministerpräsidenten für die vorläufige Verfassung den Namen **„Grundgesetz"**, während die konstituierende Versammlung **„Parlamentarischer Rat"** genannt wurde.

Die **Wahl** der Mitglieder des Parlamentarischen Rates fand im August 1948 durch die **Landtage** statt. Am **1. September 1948** trat er in der Pädagogischen Akademie in Bonn zum erstenmal zusammen. Die Landtage der westdeutschen Länder entsandten **65 Abgeordnete;** weiter nahmen **5 Vertreter Berlins** auf Einladung des Parlamentarischen Rates an den Verhandlungen mit **beratender** Stimme teil.

Dem Parlamentarischen Rat diente ein **Entwurf,** den ein durch die Ministerpräsidentenkonferenz einberufener **Sachverständigenausschuß** in **Herrenchiemsee** ausgearbeitet hatte, als Arbeitsgrundlage. Zunächst leisteten **fünf Fachausschüsse** (Grundsatzausschuß, Organisationsausschuß, Kompetenzausschuß sowie besondere Ausschüsse für das Finanzwesen und die Rechtspflege) die **Vorbereitungsarbeiten** und stellten die eigentliche Vorlage fertig.

Die Einzelvorlagen der Fachausschüsse gingen an den **Hauptausschuß,** der sie in vier Lesungen beriet. Das Ergebnis der vierten Lesung des Hauptausschusses am 5. 5. 1949 stellte die **Grundlage** für die **Beschlußfassung der Vollversammlung** des **Parlamentarischen Rates** dar.

Am **8. 5. 1949** wurde das Grundgesetz **angenommen. 53** Abgeordnete des Parlamentarischen Rates stimmten mit **Ja,** während **12** Abgeordnete mit **Nein** stimmten.

In einem Schreiben an den Präsidenten des Parlamentarischen Rates **genehmigten** die **Militärgouverneure** am 12. 5. 1949 das Grundgesetz unter **einigen Vorbehalten.** In der Zeit vom 18. bis 21. 5. 1949 haben die**Volksvertretungen der elf Länder der Westzonen** über die **Annahme** des **Grundgesetzes beschlossen.** In zehn Ländern wurde das Grundgesetz ratifiziert, nur das Land Bayern lehnte es ab. Allerdings bejahte der Bayerische Landtag in einer zweiten Abstimmung die Geltung des Grundgesetzes für Bayern im Falle der Annahme in zwei Dritteln der deutschen Länder.

Am **23. 5. 1949** wurde die **Annahme** des Grundgesetzes gem. Art. 145 vom Parlamentarischen Rat in einer **feierlichen Sitzung festgestellt**, das Grundgesetz **ausgefertigt** und am gleichen Tage im Bundesgesetzblatt Nr. 1 **veröffentlicht**. Die **Unterzeichnung** erfolgte durch die Mitglieder des Parlamentarischen Rates, die fünf Abgeordneten Groß-Berlins, die Ministerpräsidenten der Länder und die Präsidenten der Landtage. Mit dem **Ablauf des 23. 5. 1949** trat das Grundgesetz **in Kraft.**

Inzwischen wurde das Grundgesetz mehrmals **abgeändert** bzw. **ergänzt** (s. Gesetze vom 30. 8. 1951, 14. 8. 1952, 20. 4. 1953, 26. 3. 1954, 25. 12. 1954, 23. 12. 1955, 19. 3. 1956, 24. 12. 1956, 22. 10. 1957, 23. 12. 1959, 6. 2. 1961, 6. 3. 1961, 16. 6. 1965, 30. 7. 1965, 8. 6. 1967, 18. 6. 1968, 24. 6. 1968, 15. 11.

1968, 29. 1. 1969, 12. 5. 1969, 17. 7. 1969, 28. 7. 1969, 19. 8. 1969, 26. 8. 1969, 31. 7. 1970, 18. 3. 1971, 12. 4. 1972, 28. 7. 1972, 15. 7. 1975, 23. 8. 1976 und 21. 12. 1983).

§ 2. Die Konstituierung der Bundesorgane

Mit dem Inkrafttreten des Grundgesetzes war die Bundesrepublik Deutschland noch nicht errichtet. Bevor das Grundgesetz praktisch angewendet werden konnte, mußte die **Konstituierung** der **obersten Bundesorgane** erfolgen.

Am 14. 8. 1949 **wählte** das deutsche Volk gemäß dem vom Parlamentarischen Rat beschlossenen Wahlgesetz den **ersten Bundestag**. Bundestag und Bundesrat traten am 7. 9. 1949 zu ihrer **konstituierenden Sitzung** zusammen. Am 12. 9. 1949 wurde der **Bundespräsident** von der Bundesversammlung gewählt. In der Sitzung des Bundestages vom 15. 9. 1949 erfolgte die **Wahl** des **ersten Bundeskanzlers**, der dann am 20. 9. 1949 seine Regierung vorstellte. Die bisherigen gesetzgebenden und bei der Gesetzgebung beratend mitwirkenden Körperschaften hatten vom Tage der Konstituierung des Bundestages ab ihre Existenzberechtigung verloren und waren mit diesem Zeitpunkt aufgelöst (Art. 122 Abs. 2).

§ 3. Die Grundrechte

I. Allgemeines

Der erste Abschnitt des Grundgesetzes behandelt in 19 Artikeln die **Grundrechte**. Im Gegensatz zu der Reichsverfassung vom 11. 8. 1919 wurden die Bestimmungen über die Grundrechte mit Rücksicht auf ihre **besondere Bedeutung** für die Gestaltung eines demokratischen Staates und zur Charakterisierung des eingetretenen Wandels der Staatsauffassung **an den Anfang** des Grundgesetzes gestellt.

Da das Grundgesetz nur ein Provisorium darstellen soll, wurden in den **Grundrechtskatalog** mit einigen Ausnahmen nur die **klassischen Grundrechte** aufgenommen, denen eine der **heutigen Auffassung entsprechende Fassung** gegeben wurde.

Nicht nur im Grundrechtsabschnitt, sondern auch in **anderen Teilen** des Grundgesetzes sind **Vorschriften über Grundrechte** gegeben, so z. B. die Bestimmung über das Recht auf gleichen Zugang zu öffentlichen Ämtern (Art. 33 Abs. 2), die Bestimmung, daß niemand seinem gesetzlichen Richter entzogen werden darf (Art. 101), die Bestimmung, daß jedermann Anspruch auf rechtliches Gehör vor Gericht hat und eine Tat nur bestraft werden kann, wenn die Strafbarkeit vor Begehung der Tat gesetzlich bestimmt war, das Verbot der mehrfachen Bestrafung (Art. 103), ferner Schutzbestimmungen bei Freiheitsentziehung (Art. 104 — siehe auch Gesetz über das gerichtliche Verfahren bei Freiheitsentziehungen vom 29. 6. 1956 mit Änderungen vom 2. 3. 1974, 15. 8. 1974 und vom 16. 3. 1976).

Die Grundrechte sind als **vor-** und **überstaatliche Rechte** zu betrachten, d. h. nicht als vom Staat anerkannte bzw. verliehene Rechte, sondern je nach dem weltanschaulichen Standpunkt **als von Gott gegebene** und **angeborene** bzw. **naturgegebene** und **unveräußerliche Rechte**.

Grundpflichten fanden **keine Aufnahme** in das Grundgesetz. Lediglich bei der **Lehrfreiheit** wurde eine **Treuepflicht zur Verfasssung** bestimmt.

Art. 1 statuiert, daß die **Würde des Menschen unantastbar** ist. „Sie zu achten und zu schützen ist Verpflichtung aller staatlichen Gewalt. Das deutsche Volk bekennt sich darum zu unverletzlichen und unveräußerlichen Menschenrechten als Grundlage jeder menschlichen Gemeinschaft, des Friedens und der Gerechtigkeit in der Welt."

Die **Grundrechte** stellen **keine bloßen Rechtsgrundsätze**, sondern **unmittelbar geltendes Recht** dar. Sie **binden** sowohl **Gesetzgebung** als **auch vollziehende Gewalt** und **Rechtsprechung** des Bundes und der Länder (Art. 1 Abs. 3).

Eine **Änderung** des Grundgesetzes, durch welche die in Art. 1 niedergelegten **Grundsätze** berührt werden, ist **unzulässig** (Art. 79 Abs. 3). Durch diese Bestimmung ist eine **besondere Sicherung** der **Grundrechte** gegenüber dem Verfassungsgeber in das Grundgesetz eingebaut.

Wenn jemand durch die öffentliche Gewalt **in seinen Rechten** verletzt **wird**, so kann er den **Rechtsweg in Anspruch nehmen.** Ist eine andere Zuständigkeit nicht begründet, so ist der **ordentliche Rechtsweg** gegeben. Art. 10 Abs. 2 Satz 2 bleibt unberührt (Art. 19 Abs. 4). Die **Möglichkeiten zu Eingriffen** in die Grundrechte und damit zu einer Entwertung dieser Rechte sind **weitgehend eingeschränkt.** Bei den einzelnen Grundrechten ist festgelegt, **ob** und **inwieweit** sie dem Gesetzgeber eine **Eingriffsmöglichkeit** geben. Einige Grundrechte können durch **Gesetz näher bestimmt** werden und in bestimmten Fällen in der Ausübung eine **Einschränkung** erfahren. Der auf diese Weise festgelegte **Schutz** der Grundrechte wird noch durch die Vorschrift **verstärkt**, daß, soweit nach dem Grundgesetz ein Grundrecht durch Gesetz oder auf Grund eines Gesetzes eingeschränkt werden kann, das Gesetz **allgemein** und **nicht nur für den Einzelfall** Geltung haben muß. Das Gesetz muß außerdem das Grundrecht unter Angabe des Artikels nennen (Art. 19 Abs. 1).

Eine solche Einschränkung von Grundrechten enthält z. B. § 51 des Wehrpflichtgesetzes i. d. F. vom 7. 11. 1977, wonach für die Wehrpflichtigen die Grundrechte der körperlichen Unversehrtheit (Art. 2 Abs. 2 Satz 1), der Freiheit der Person (Art. 2 Abs. 2 Satz 2), der Freizügigkeit (Art. 11 Abs. 1) und der Unverletzlichkeit der Wohnung (Art. 13) nach Maßgabe des Wehrpflichtgesetzes eingeschränkt werden.

Ganz allgemein bestimmt das Grundgesetz, daß ein Grundrecht in seinem **Wesensgehalt nicht angetastet** werden darf (Art. 19 Abs. 2).

Nach Art. 17a können **Gesetze über Wehrdienst und Ersatzdienst** bestimmen, daß für die Angehörigen der Streitkräfte und des Ersatzdienstes während der Zeit des Wehr- oder Ersatzdienstes die **Grundrechte** der Versammlungsfreiheit und der freien Meinungsäußerung sowie das Petitionsrecht, soweit es das Recht gewährt, Bitten oder Beschwerden in Gemeinschaft mit anderen vorzubringen, **eingeschränkt werden.** Die Grundrechte der Freizügigkeit und der Unverletzlichkeit der Wohnung können durch Gesetze, die der Verteidigung einschließlich des Schutzes der Zivilbevölkerung dienen, **ebenfalls eine Einschränkung** erfahren.

Die Grundrechte besitzen auch Geltung für inländische juristische Personen, soweit sie ihrem Wesen nach auf diese anwendbar sind (Art. 19 Abs. 3).

II. Die einzelnen Grundrechte

1. Freiheit der Person

Jeder hat das Recht auf **freie Entfaltung seiner Persönlichkeit,** soweit er nicht die Rechte anderer verletzt und nicht gegen die verfassungsmäßige Ordnung oder das Sittengesetz verstößt. Die **Freiheit der Person ist unverletzlich**. Neben dem **Recht auf Leben** (Abschaffung der Todesstrafe — Art. 102) ist auch das **Recht auf körperliche Unversehrtheit** gewährleistet (Art. 2).

Verfahren bei gesetzlicher Freiheitsentziehung: Die **Beschränkung** der persönlichen Freiheit ist nur auf **Grund eines förmlichen Gesetzes** und nur unter Beachtung der darin vorgeschriebenen **Formen** gestattet. Festgehaltene Personen dürfen weder seelisch noch körperlich mißhandelt werden.

Die Entscheidung über die Zulässigkeit und Fortdauer einer Freiheitsentziehung hat nur der Richter zu treffen. Wenn eine Entziehung der Freiheit nicht auf richterlicher Anordnung beruht, muß unverzüglich eine richterliche Entscheidung herbeigeführt werden. Der Polizei ist es untersagt, jemanden aus eigener Machtvollkommenheit länger als bis zum Ende des Tages nach dem Eingreifen in eigenem Gewahrsam zu halten. Jeder, der wegen des Verdachtes einer strafbaren Handlung vorläufig festgenommen wurde, muß spätestens **am Tag nach der Festnahme** dem **Richter** vorgeführt werden, der ihm die Gründe der Festnahme mitteilen, ihn vernehmen und ihm Gelegenheit zu Einwendungen geben muß. Der Richter hat unverzüglich entweder einen schriftlichen Haftbefehl, der mit Gründen versehen ist, zu erlassen oder die Freilassung des Festgenommenen anzuordnen. Von jeder richterlichen Entscheidung über die Anordnung oder Fortdauer einer Freiheitsentziehung muß unverzüglich ein **Angehöriger** des Festgehaltenen oder eine Person seines Vertrauens **benachrichtigt** werden (Art. 104 — s. auch Gesetz über das gerichtliche Verfahren bei Freiheitsentziehungen vom 29. 6. 1956 mit Änderungen vom 2. 3. 1974, 15. 8. 1974 und 16. 3. 1976).

Ausnahmegerichte (d. h. Gerichte, deren Einrichtung die gesetzlich bestimmte Gerichtsorganisation durchbrechen würde), sind **nicht statthaft**. Niemand darf seinem gesetzlichen Richter entzogen werden (Art. 101). Vor Gericht hat jeder **Anspruch auf rechtliches Gehör**. Die Bestrafung einer Tat ist nur dann zugelassen, wenn die Strafbarkeit gesetzlich bestimmt war, bevor die Tat begangen wurde. Eine **mehrfache Bestrafung** wegen derselben Tat ist **unzulässig** (Art. 103).

2. Gleichheit vor dem Gesetz

Alle Menschen sind vor dem Gesetz **gleich; Männer** und **Frauen** sind **gleichberechtigt** (Art. 3 Abs. 1 und 2).

Die hier bestimmte Gleichberechtigung der Männer und Frauen auf allen Rechtsgebieten ist nicht nur ein Programmsatz, sondern geltendes Recht. Das dieser Vorschrift entgegenstehende Recht blieb bis zum 31. 3. 1953 in Kraft (Art. 117 Abs. 1) und sollte bis dahin der Bestimmung des Art. 3 Abs. 2 angepaßt werden. Die Anpassung erfolgte durch Gesetz vom 18. 6. 1957.

Wegen seines Geschlechtes, seiner Abstammung, seiner Rasse, seiner Sprache, seiner Heimat und Herkunft, seines Glaubens sowie seiner religiösen oder politischen Anschauungen darf **niemand benachteiligt** oder **bevorzugt** werden (Art. 3 Abs. 3).

Jeder Deutsche hat in jedem Land die gleichen staatsbürgerlichen Rechte und Pflichten (Art. 33 Abs. 1).

3. Unverletzlichkeit der Wohnung

Die **Wohnung** ist **unverletzlich**. Durchsuchungen dürfen nur durch den Richter, bei Gefahr im Verzug auch durch die in den Gesetzen vorgesehenen anderen Organe angeordnet und nur in der dort vorgeschriebenen Form vorgenommen werden.

Im übrigen dürfen **Eingriffe und Beschränkungen nur zur Abwehr** einer gemeinen **Gefahr** oder einer **Lebensgefahr** für einzelne Personen, auf **Grund eines Gesetzes** auch zur **Verhütung dringender Gefahren** für die öffentliche Sicherheit und Ordnung, vor allen Dingen zur Behebung der Raumnot, zur Bekämpfung von Seuchengefahr oder zum Schutz gefährdeter Jugendlicher durchgeführt werden (Art. 13).

4. Unverletzlichkeit des Eigentums und des Erbrechts

Das Grundgesetz gewährleistet **Eigentum** und **Erbrecht**. **Inhalt** und **Schranken** bestimmen sich durch die **Gesetze**.

Eigentum verpflichtet; sein Gebrauch soll zugleich dem Wohle der Allgemeinheit dienen (Art. 14 Abs. 1 und 2).

a) Enteignung

Eine **Enteignung** ist **nur insoweit zulässig**, als sie zum **Wohle der Allgemeinheit** vorgenommen wird. Sie darf nur durch ein **Gesetz** oder **auf Grund eines Gesetzes** erfolgen. Eine **entschädigungslose Enteignung** ist **nicht** mehr möglich; Art und Ausmaß der Entschädigung sind gesetzlich zu regeln. Die Entschädigung muß nicht mehr wie früher „angemessen", sondern unter gerechter Abwägung der Interessen der Allgemeinheit und der Beteiligten festgesetzt werden. Wegen der Höhe der zu gewährenden Entschädigung steht dem Betroffenen im Streitfalle der Rechtsweg vor den ordentlichen Gerichten offen (Art. 14 Abs. 3).

b) **Sozialisierung**

Zum Zwecke der Vergesellschaftung können Grund und Boden, Naturschätze und Produktionsmittel durch ein Gesetz in **Gemeineigentum** oder in **andere Formen der Gemeinwirtschaft** überführt werden. Hinsichtlich der Entschädigung gilt die gleiche Regelung wie bei der Enteignung (Art. 15).

5. Unverletzlichkeit des Brief- und Postgeheimnisses

Das **Briefgeheimnis** sowie das **Post-** und **Fernmeldegeheimnis sind unverletzlich. Beschränkungen** können **nur** auf **Grund eines Gesetzes** angeordnet werden (siehe Gesetz zur Beschränkung des Brief-, Post- und Fernmeldegeheimnisses — Gesetz zu Art. 10 Grundgesetz — vom 13. 8. 1968, geändert am 13. 9. 1978).

Dient die Beschränkung dem **Schutz** der **freiheitlichen demokratischen Grundordnung** oder des **Bestandes** oder der **Sicherung** des **Bundes** oder eines **Landes,** so kann das Gesetz bestimmen, daß sie dem Betroffenen **nicht mitgeteilt wird** und daß **an die Stelle des Rechtsweges** die **Nachprüfung durch von der Volksvertretung bestellte Organe und Hilfsorgane tritt** (Art. 10).

Auch bei Beweiserhebungen des Untersuchungsausschusses des Bundestages bleibt das Brief-, Post- und Fernmeldegeheimnis unberührt (Art. 44 Abs. 2).

6. Freizügigkeit

Alle Deutschen besitzen **Freizügigkeit** im ganzen Bundesgebiet.

Dieses Recht darf nur durch **Gesetz** oder **auf Grund eines Gesetzes** und nur für die Fälle **eingeschränkt** werden, in denen eine ausreichende Lebensgrundlage nicht vorhanden ist und der Allgemeinheit daraus besondere Lasten entstehen würden oder in denen es zur Abwehr einer drohenden Gefahr für den Bestand oder die freiheitliche demokratische Grundordnung des Bundes oder eines Landes, zur Bekämpfung von Seuchengefahr, Naturkatastrophen oder besonders schweren Unglücksfällen, zum Schutze der Jugend vor Verwahrlosung oder um strafbaren Handlungen vorzubeugen, erforderlich ist (Art. 11).

Die Gesetzgebung über die Freizügigkeit obliegt ausschließlich dem Bund (Art. 73 Ziff. 3).

7. Versammlungsfreiheit

Alle Deutschen haben das **Recht**, sich ohne Anmeldung oder Erlaubnis friedlich und unbewaffnet zu **versammeln**. Dieses Recht kann durch Gesetz oder auf Grund eines Gesetzes für Versammlungen unter freiem Himmel beschränkt werden (Art. 8 — s. Gesetz über Versammlungen und Aufzüge vom 24. 7. 1953 i. d. F. vom 15. 11. 1978).

„Deutscher" im Sinne des Grundgesetzes ist vorbehaltlich anderweitiger gesetzlicher Regelung, wer die deutsche Staatsangehörigkeit besitzt oder als Flüchtling oder Vertriebener deutscher Volkszugehörigkeit oder als dessen

Abkömmling oder Ehegatte im Gebiet des Deutschen Reiches nach dem Stande vom 31. 12. 1937 Aufnahme gefunden hat.

Auf Antrag sind frühere deutsche Staatsangehörige, denen zwischen dem 30. 1. 1933 und dem 8. 5. 1945 die Staatsangehörigkeit aus politischen, rassischen oder religiösen Gründen entzogen worden ist, und ihre Abkömmlinge wieder einzubürgern. Sie gelten nicht als ausgebürgert, sofern sie nach dem 8. Mai 1945 ihren Wohnsitz in Deutschland genommen und nicht einen entgegengesetzten Willen zum Ausdruck gebracht haben (Art. 116).

8. Vereins- und Koalitionsfreiheit

Alle Deutschen sind berechtigt, **Vereine** und **Gesellschaften** zu bilden. **Vereinigungen**, deren Zweck oder deren Tätigkeit den Strafgesetzen zuwiderlaufen oder die sich **gegen** die **verfassungsmäßige Ordnung** oder den **Gedanken der Völkerverständigung** richten, sind **verboten.**

Ferner ist für jedermann und für alle Berufe das Recht gewährleistet, zur Wahrung und Förderung der Arbeits- und Wirtschaftsbedingungen Vereinigungen zu bilden. Abreden, die dieses Recht einschränken oder zu behindern suchen, sind nichtig; hierauf gerichtete Maßnahmen rechtswidrig.

Maßnahmen nach den Art. 12a, 35 Abs. 2 und 3, 87a Abs. 4 und 91 dürfen sich nicht gegen Arbeitskämpfe richten, die zur Wahrung und Förderung der Arbeits- und Wirtschaftsbedingungen von Vereinigungen geführt werden (Art. 9).

9. Recht der freien Berufswahl

Alle Deutschen haben das **Recht** der **freien Wahl des Berufes,** des **Arbeitsplatzes** und der **Ausbildungsstätte**. Die Berufsausübung kann durch Gesetz oder auf Grund eines Gesetzes geregelt werden.

Ein **Arbeitszwang** ist, außer im Rahmen einer herkömmlichen allgemeinen, für alle gleichen öffentlichen Dienstleistungspflicht **unzulässig**. Zwangsarbeit ist nur im Falle einer gerichtlich angeordneten Freiheitsentziehung zugelassen (Art. 12).

Im **Verteidigungsfall** kann die Freiheit der Deutschen, die Ausübung eines Berufes oder den Arbeitsplatz aufzugeben, unter bestimmten Voraussetzungen durch Gesetz oder auf Grund eines Gesetzes **eingeschränkt** werden (Art. 12a Abs. 6 — siehe § 13 Abschnitt IX).

10. Glaubens- und Gewissensfreiheit

Die **Freiheit** des **Glaubens** und des **Gewissens** sowie die Freiheit des **religiösen und weltanschaulichen Bekenntnisses** sind **unverletzlich**; die ungestörte Ausübung der Religion wird gewährleistet (Art. 4 Abs. 1 und 2).

Durch die Ausübung der Religionsfreiheit werden die bürgerlichen und staatsbürgerlichen Rechte und Pflichten weder bedingt noch beschränkt. Niemand hat die Pflicht, seine religiöse Überzeugung zu offenbaren. Den Behörden steht das Recht, nach der Zugehörigkeit zu einer Religionsgesellschaft zu fragen, nur insoweit zu, als davon Rechte und Pflichten abhängen oder eine gesetzlich angeordnete statistische Erhebung dies erfordert.

Zu einer kirchlichen Handlung, zu einer Feierlichkeit oder zur Teilnahme an religiösen Übungen oder zur Benutzung einer religiösen Eidesform darf niemand gezwungen werden.

Die Freiheit der Vereinigung zu Religionsgesellschaften wird gewährleistet. Der Zusammenschluß von Religionsgesellschaften unterliegt keinen Beschränkungen. Religionsgesellschaften, die Körperschaften des öffentlichen Rechts sind, haben die Berechtigung, nach Maßgabe landesrechtlicher Bestimmungen Steuern zu erheben. Die Sonntage sowie die staatlich anerkannten Feiertage bleiben als Tage der Arbeitsruhe und der seelischen Erhebung gesetzlich geschützt (Art. 140 GG i. V. m. Art. 136, 137, 139 RV).

Zum **Kriegsdienst mit der Waffe** darf **niemand gegen sein Gewissen gezwungen werden** (Art. 4 Abs. 3).

Das **Recht der Kriegsdienstverweigerung** stellt eine wichtige Neuerung dar. Die näheren Vorschriften enthalten das Wehrpflichtgesetz i. d. F. vom 6. 5. 1983 und das auf Grund des Kriegsdienstverweigerungs-Neuordnungsgesetzes vom 28. 2. 1983 neu gefaßte Zivildienstgesetz vom 29. 9. 1983.

11. Wehr- und andere Dienstverpflichtungen

Männer können vom vollendeten **18. Lebensjahr** an zum **Dienst** in den **Streitkräften**, im **Bundesgrenzschutz** oder in einem **Zivilschutzverband verpflichtet** werden.

Wer aus Gewissensgründen den Kriegsdienst mit der Waffe verweigert, kann zu einem **Ersatzdienst** verpflichtet werden. Die Dauer des Ersatzdienstes darf die Dauer des Wehrdienstes nicht übersteigen.

Die näheren Bestimmungen regelt ein Gesetz, das die Freiheit der Gewissensentscheidung nicht beeinträchtigen darf und auch eine Möglichkeit des Ersatzdienstes vorsehen muß, die in keinem Zusammenhang mit den Verbänden der Streitkräfte und des Bundesgrenzschutzes steht (Art. 12 a Abs. 1 und 2).

Für den **Verteidigungsfall** gelten die besonderen Bestimmungen der Abs. 2—6 des Art. 12 a (siehe § 13 Abschnitt IX).

12. Freiheit der Meinungsäußerung

Jedem steht das **Recht** zu, seine **Meinung in Wort, Schrift** und **Bild frei zu äußern** und zu **verbreiten** und sich aus allgemein zugänglichen Quellen ungehindert zu unterrichten.

Es kann also z. B. kein Abhörverbot beim Rundfunkempfang angeordnet werden, wie dies im „Dritten Reich" der Fall war.

Die **Pressefreiheit** und die **Freiheit der Berichterstattung** durch **Rundfunk** und **Film** werden gewährleistet. Eine **Zensur** findet **nicht** statt.

Diese Rechte finden ihre Schranken in den Bestimmungen der allgemeinen Gesetze, den gesetzlichen Bestimmungen zum Schutze der Jugend und in dem Recht der persönlichen Ehre (Art. 5 Abs. 1 und 2).

13. Freiheit der Kunst, Wissenschaft, Forschung und Lehre

Kunst und **Wissenschaft, Forschung** und **Lehre** sind **frei**. Allerdings entbindet die Freiheit der Lehre nicht von der Treue zur Verfassung (Art. 5 Abs. 3).

14. Recht auf Staatsangehörigkeit und Verbot der Auslieferung

Die deutsche Staatsangehörigkeit darf **nicht entzogen** werden. Der Verlust der deutschen Staatsangehörigkeit ist nur auf Grund eines Gesetzes möglich. **Gegen den Willen** des Betroffenen darf der Verlust der Staatsangehörigkeit **nur dann** eintreten, wenn der Betroffene hierdurch **nicht staatenlos** wird.

Kein Deutscher darf an das Ausland **ausgeliefert** werden. **Politisch Verfolgte** genießen **Asylrecht** (Art. 16).

15. Schutz der Ehe und der Familie

Ehe und **Familie** stehen unter dem **besonderen Schutz des Staates**. Pflege und Erziehung der Kinder sind das natürliche Recht der Eltern und die zuvörderst ihnen obliegende Pflicht. Über ihre Betätigung wacht die staatliche Gemeinschaft.

Kinder dürfen gegen den Willen der Erziehungsberechtigten nur auf Grund eines Gesetzes von der Familie getrennt werden, wenn die Erziehungsberechtigten versagen oder wenn die Gefahr besteht, daß die Kinder aus anderen Gründen verwahrlosen.

Jede **Mutter** hat **Anspruch** auf den **Schutz** und die **Fürsorge der Gemeinschaft**.

Die Gesetzgebung hat den **unehelichen Kindern** die **gleichen Bedingungen** für ihre leibliche und seelische Entwicklung und ihre gesellschaftliche Stellung zu schaffen wie den **ehelichen** Kindern (Art. 6 — s. Gesetz über die rechtliche Stellung der nichtehelichen Kinder vom 19. 8. 1969 mit Änderung vom 17. 7. 1970).

16. Schulwesen

Das gesamte **Schulwesen** untersteht der staatlichen Aufsicht. Den Erziehungsberechtigten steht das Recht zu, die Bestimmung über die Teilnahme des Kindes am Religionsunterricht zu treffen. Mit **Ausnahme** der **bekenntnisfreien** Schulen ist der **Religionsunterricht** in den öffentlichen Schulen **ordentliches Lehrfach**.

Die Bestimmung über den Religionsunterricht als ordentliches Lehrfach findet keine Anwendung in einem Land, in dem am 1. 1. 1949 eine andere landesrechtliche Regelung bestand (Art. 141).

Die Lehrpersonen dürfen nicht verpflichtet werden, Religionsunterricht gegen ihren Willen zu erteilen.

Das Recht, private Schulen zu errichten, ist gewährleistet. Wenn private Schulen als Ersatz für öffentliche Schulen errichtet werden sollen, bedürfen sie der Genehmigung des Staates und unterstehen den Landesgesetzen.

Die **Genehmigung** ist zu **erteilen,** wenn die privaten Schulen in ihren Lehrzielen und Einrichtungen sowie in der wissenschaftlichen Ausbildung ihrer Lehrkräfte nicht hinter den öffentlichen Schulen zurückstehen und eine Sonderung der Schüler nach den Besitzverhältnissen der Eltern nicht gefördert wird; sie ist zu versagen, wenn die wirtschaftliche und rechtliche Stellung der Lehrkräfte nicht in ausreichendem Maße gesichert ist.

Eine private Volksschule ist nur dann zuzulassen, wenn die Unterrichtsverwaltung ein besonderes pädagogisches Interesse anerkennt oder wenn sie — auf Antrag von Erziehungsberechtigten — als Gemeinschaftsschule, als Bekenntnis- oder Weltanschauungsschule errichtet werden soll und in der Gemeinde eine öffentliche Volksschule dieser Art nicht existiert.

Vorschulen bleiben aufgehoben (Art. 7).

17. Petitionsfreiheit

Jedem steht das **Recht** zu, sich **schriftlich** mit **Bitten** oder **Beschwerden** an die **zuständigen Stellen** und an die **Volksvertretung** zu wenden (Art. 17).

Der Bundestag hat einen Petitionsausschuß bestellt, dem die Behandlung der nach Art. 17 an den Bundestag gerichteten Bitten und Beschwerden obliegt. Die Befugnisse dieses Ausschusses regelt das Gesetz vom 19. 7. 1975.

III. Verwirkung von Grundrechten

Wer

die Freiheit der Meinungsäußerung (insbesondere die Pressefreiheit),
die Lehrfreiheit,
die Versammlungsfreiheit,
die Vereinigungsfreiheit,
das Brief-, Post- und Fernmeldegeheimnis,
das Eigentum oder
das Asylrecht

zum Kampf gegen die **freiheitliche demokratische Grundordnung mißbraucht, verwirkt** diese Grundrechte. Die **Verwirkung** und **ihr Ausmaß** werden durch das **Bundesverfassungsgericht** ausgesprochen (Art. 18).

Zur Einleitung eines solchen Verfahrens beim Bundesverfassungsgericht gegen den **Bundespräsidenten** oder gegen einen **Bundestagsabgeordneten** ist die **Genehmigung** des **Bundestages erforderlich** (Art. 46 Abs. 3 und Art. 60 Abs. 4).

IV. Änderung von Grundrechtsartikeln

Wie **alle** Bestimmungen des Grundgesetzes können auch die **Grundrechtsartikel** mit Ausnahme der in Art. 1 niedergelegten Grundsätze durch **grundgesetzändernde Gesetze** unter den besonderen Voraussetzungen des Art. 79 eine **Änderung** bzw. eine **Ergänzung** erfahren.

Über Änderung bzw. Ergänzung des Grundgesetzes siehe unter § 9: „Die Bundesgesetzgebung".

§ 4. Der Bund und die Länder

I. Allgemeines

Der Abschnitt II des Grundgesetzes gibt die **grundlegenden Bestimmungen** für den **staatlichen Aufbau** und das **staatliche Leben** des Bundes. Er bezieht sich aber nicht nur auf das Verhältnis zwischen dem

Bund und den Ländern, also auf den **föderativen Aufbau**, sondern gibt auch Bestimmungen über den **Bund selbst** (z. B. über die Gewaltentrennung und die Gesetzmäßigkeit der Verwaltung) sowie **völkerrechtliche Vorschriften.**

II. Staatsform

Die **Bundesrepublik Deutschland** ist ein **demokratischer** und **sozialer Bundesstaat** (Art. 20 Abs. 1).

Damit ist der **demokratische** und **bundesstaatliche** Charakter des deutschen Staates bestimmt.

Die näheren Bestimmungen über das Verhältnis Bund-Länder sind nicht nur im Abschnitt II des Grundgesetzes enthalten, sondern auch in den Abschnitten über die Organe und Funktionen des Bundesstaates (so in der Hauptsache die Bestimmungen über die Verteilung der Zuständigkeiten zwischen Bund und Ländern).

Alle Staatsgewalt geht vom Volke aus. Das Volk selbst wird allerdings **unmittelbar** nur bei **Wahlen** und **Abstimmungen tätig**, während die Staatsgewalt sonst durch **besondere Organe** der Gesetzgebung, der vollziehenden Gewalt und der Rechtsprechung, deren Organisation und Befugnisse durch das Grundgesetz bestimmt sind, ausgeübt wird (Art. 20 Abs. 2). Die **Bundesrepublik Deutschland** ist also eine **repräsentative Demokratie**.

Der neue deutsche Staat ist ferner eine **rechtsstaatliche Demokratie,** denn die Gesetzgebung ist an die verfassungsmäßige Ordnung, die vollziehende Gewalt und die Rechtsprechung sind an Gesetz und Recht gebunden (Art. 20 Abs. 3).

Gegen jeden, der es unternimmt, diese Ordnung zu beseitigen, haben alle Deutschen das **Recht zum Widerstand,** wenn andere Abhilfe nicht möglich ist (Art. 20 Abs. 4).

III. Politische Parteien

Die **Gründung** von **Parteien** ist **frei**. Die Parteien haben die **Aufgabe**, bei der **politischen Willensbildung** des Volkes **mitzuwirken**. Das Grundgesetz schreibt vor, daß ihre innere Ordnung demokratischen Grundsätzen entsprechen muß. Über die Herkunft und Verwendung ihrer Mittel sowie über ihr Vermögen müssen sie öffentlich Rechenschaft geben. Diese Bestimmungen verfolgen den Zweck, den **demokratischen Aufbau** der Parteien **sicherzustellen.**

Parteien, die nach ihrer **Zielsetzung** oder nach dem **Verhalten ihrer Anhänger** darauf ausgehen, die **freiheitlich-demokratische Grundordnung zu beeinträchtigen**, zu **beseitigen** oder den **Bestand der Bundesrepublik Deutschland zu gefährden**, können vom Bundesverfassungsgericht für **verfassungswidrig** erklärt werden (Art. 21).

Die näheren Bestimmungen regelt das Gesetz über die politischen Parteien **(Parteiengesetz)** vom 24. 7. 1967 mit Änd. vom 25. 6. 1969, 22. 7. 1969, 24. 7. 1974, 21. 12. 1979 und 22. 12. 1983.

IV. Bundesflagge

Die **Bundesflagge** ist **schwarz-rot-gold** (Art. 22 — s. auch Anordnung über die deutschen Flaggen vom 7. 6. 1950 und Gesetz über das Flaggenrecht der Seeschiffe und die Flaggenführung der Binnenschiffe — Flaggenrechtsgesetz — vom 8. 2. 1951, geändert bzw. ergänzt am 23. 6. 1970, 21. 3. 1973, 2. 3. 1974, 11. 9. 1974 und 10. 5. 1978).

V. Geltungsgebiet des Grundgesetzes

Das Grundgesetz gilt zunächst im Gebiet der **deutschen Länder** der **drei** ehemaligen **westlichen Besatzungszonen** sowie für **Berlin**.

Durch die Bestimmung des **vorläufigen** Geltungsgebietes des Grundgesetzes ist natürlich der **Beitritt anderer Teile** Deutschlands zur Bundesrepublik Deutschland **nicht** ausgeschlossen. In diesen Teilen ist das Grundgesetz nach deren Beitritt in Kraft zu setzen (Art. 23). So ist das **Saargebiet** am **1. Januar 1957 Bestandteil** der **Bundesrepublik** geworden (siehe Gesetz über die Eingliederung des Saarlandes vom 23. 12. 1956).

Hinsichtlich der Beteiligung **Berlins** am Bund haben die drei Militärgouverneure in ihrem Genehmigungsschreiben vom 12. 5. 1949 den **Vorbehalt** gemacht, daß Berlin **nicht vom Bund regiert** werden darf. Auch besitzen die von Berlin in den Bundestag und in den Bundesrat delegierten Vertreter **kein volles Stimmrecht**. Im **Viermächte-Abkommen über Berlin vom** 3. 9. 1971 erklären die drei Westmächte, daß die **Bindungen** zwischen den Westsektoren Berlins und der Bundesrepublik **aufrechterhalten** und **entwickelt** werden. West-Berlin wird aber auch weiterhin nicht von der Bundesrepublik regiert.

VI. Grundgesetz und Völkerrecht

1. Bundesrecht und Völkerrecht

Die **allgemeinen Regeln des Völkerrechts** sind **Bestandteil** des **Bundesrechts**. Sie gehen den Gesetzen vor und binden alle Rechtsunterworfenen des Bundesgebietes (Art. 25).

Die Bestimmung dessen, was „allgemeine Regeln des Völkerrechts" sind, wird im einzelnen Fall Schwierigkeiten bereiten, weil es sich hierbei in der Hauptsache um **Gewohnheitsrecht** handelt. **Zweifelsfälle** werden im Einzelfall durch das **Bundesverfassungsgericht** entschieden. Wenn in einem Rechtsstreit zweifelhaft ist, ob eine Regel des Völkerrechts Bestandteil des Bundesrechts ist und ob sie unmittelbar Rechte und Pflichten für den einzelnen erzeugt, so muß das Gericht die Entscheidung des Bundesverfassungsgerichts einholen (Art. 100 Abs. 2).

2. Beziehungen zu auswärtigen Staaten

Die Pflege der **Beziehungen zu auswärtigen Staaten** ist Angelegenheit des **Bundes** (Art. 32 Abs. 1), wie auch dem Bund die ausschließliche Gesetzgebung über die auswärtigen Angelegenheiten zusteht (Art. 73 Ziff. 1).

Die **völkerrechtliche Vertretung** des Bundes obliegt dem **Bundespräsidenten**, der **im Namen des Bundes** die **Verträge** mit auswärtigen Staaten **schließt** und die **Gesandten beglaubigt** und **empfängt** (Art. 59 Abs. 1). Verträge, die die politischen Beziehungen des Bundes regeln oder sich auf Gegenstände der Bundesgesetzgebung beziehen, bedürfen der Zustimmung oder der Mitwirkung der jeweils für die Bundesgesetzgebung zuständigen Körperschaften in der Form eines Bundesgesetzes (Art. 59 Abs. 2). Vor Abschluß eines Vertrages, der die besonderen Verhältnisse eines Landes berührt, muß das Land rechtzeitig gehört werden.

Soweit die Länder für die Gesetzgebung zuständig sind, können sie mit Zustimmung der Bundesregierung mit auswärtigen Staaten Verträge abschließen (Art. 32).

3. Der Bund und zwischenstaatliche Einrichtungen

Durch Gesetz kann der Bund **Hoheitsrechte** auf **zwischenstaatliche Einrichtungen** übertragen. Zur Wahrung des Friedens kann sich die Bundesrepublik Deutschland einem **System gegenseitiger kollektiver Sicherheit** einordnen. Im Grundgesetz wird die Bereitschaft der Bundesrepublik erklärt, hierbei in die Beschränkungen ihrer Hoheitsrechte einzuwilligen, die eine friedliche und dauerhafte Ordnung in Europa und zwischen den Völkern der Welt herbeiführen und sichern.

Zur Regelung zwischenstaatlicher Streitigkeiten wird der Bund Vereinbarungen über eine **allgemeine, umfassende, obligatorische, internationale Schiedsgerichtsbarkeit** beitreten (Art. 24).

4. Friedensstörende Handlungen

Entsprechend dem in der Präambel des Grundgesetzes bezeichneten **Willen** des **deutschen Volkes**, in einem vereinten Europa dem **Frieden der Welt zu dienen**, werden im Interesse einer Friedensförderung **Handlungen**, die geeignet sind und in der Absicht vorgenommen werden, das **friedliche Zusammenleben der Völker zu stören** — vor allen Dingen die Vorbereitung eines Angriffskrieges — als **verfassungswidrig** bezeichnet; diese Handlungen sind unter Strafe zu stellen.

Zur Kriegsführung bestimmte Waffen dürfen nur mit Genehmigung der Bundesregierung hergestellt, befördert und in Verkehr gebracht werden (Art. 26).

VII. Verfassungsmäßige Ordnung in den Ländern und Garantie der Selbstverwaltung

Die **Länder** der Bundesrepublik Deutschland können ihre **Verfassung** und ihr staatliches Leben **frei gestalten**. Allerdings muß die **verfassungsmäßige Ordnung** in den Ländern den **Grundsätzen des republikanischen, demokratischen und sozialen Rechtsstaates** im Sinne des Grundgesetzes entsprechen. In den Ländern, Kreisen und Gemeinden muß eine aus allgemeinen, unmittelbaren, freien, gleichen und geheimen Wahlen hervorgegangene **Volksvertretung** bestehen. In **Gemeinden kann** an die Stelle einer gewählten Körperschaft die **Gemeindeversammlung** treten.

Den **Gemeinden** muß das **Recht** gewährleistet sein, alle die örtliche Gemeinschaft betreffenden Angelegenheiten im Rahmen der Gesetze in **eigener Verantwortung** zu regeln. Auch die **Gemeindeverbände** haben innerhalb ihres gesetzlichen Aufgabenbereiches das **Recht der Selbstverwaltung** nach Maßgabe der Gesetze (Art. 28).

VIII. Zuständigkeitsvermutung; Bundesrecht und Landesrecht

Die Ausübung der staatlichen Befugnisse und die Erfüllung der staatlichen Aufgaben ist **Angelegenheit der Länder**, soweit nicht das **Grundgesetz** eine **andere Regelung trifft oder zuläßt** (Art. 30). Mit dieser Bestimmung ist der **Grundsatz der Kompetenzvermutung** für die **Länder** festgelegt, der wesentlich für den föderativen Aufbau der Bundesrepublik Deutschland ist.

Vgl. auch Art. 70 Abs. 1 („Die Länder haben das Recht der Gesetzgebung, soweit dieses Grundgesetz nicht dem Bund Gesetzgebungsbefugnisse verleiht") und Art. 83 („Die Länder führen die Bundesgesetze als eigene Angelegenheit aus, soweit dieses Grundgesetz nichts anderes bestimmt oder zuläßt").

In den Fällen, in denen das Grundgesetz Befugnisse des Bundes bestimmt, geht die Bundesgewalt grundsätzlich der Ländergewalt vor. **Bundesrecht bricht Landesrecht** (Art. 31).

Ungeachtet dieser Vorschrift bleiben Bestimmungen der Landesverfassungen auch insoweit in Kraft, als sie in Übereinstimmung mit den Art. 1—18 des Grundgesetzes Grundrechte gewährleisten (Art. 142).

IX. Bundeszwang

Wenn ein **Land** die ihm nach dem Grundgesetz oder einem anderen Bundesgesetz obliegenden **Bundespflichten nicht erfüllt**, kann die **Bundesregierung** die **notwendigen Maßnahmen** treffen, um das Land im Wege des **Bundeszwanges** zur Erfüllung seiner Pflichten anzuhalten. Hierzu bedarf die Bundesregierung der **Zustimmung des Bundesrates** (Art. 37). Über die Mittel des Bundeszwanges sind in Art. 37 keine Bestimmungen getroffen.
Zur Durchführung des Bundeszwanges hat die Bundesregierung oder ihr Beauftragter ein Weisungsrecht gegenüber allen Ländern und ihren Behörden.

§ 5. Der Bundestag

I. Allgemeines

Alle Staatsgewalt geht vom Volke aus (Art. 20 Abs. 2). Sie wird vom **Bundestag** als Repräsentant des deutschen Volkes auf dem Gebiet der

Gesetzgebung sowie der **Kontrolle der öffentlichen Verwaltung** ausgeübt. Der Bundestag ist **das wichtigste** und **oberste Organ** der Bundesrepublik Deutschland.

II. Wahl zum Bundestag, Wahlperiode und Versammlung des Bundestages

Die **Abgeordneten** des Deutschen Bundestages werden in **allgemeiner, unmittelbarer, freier, gleicher** und **geheimer Wahl** gewählt. Das **aktive Wahlrecht** (die Wahlberechtigung) besitzt, wer das achtzehnte Lebensjahr vollendet hat. Das passive Wahlrecht (die Wählbarkeit) tritt ebenfalls mit der Vollendung des 18. Lebensjahres ein. Die näheren Bestimmungen trifft das Bundeswahlgesetz i. d. F. vom 1. 9. 1975.

Die **Wahlprüfung**, d. h. die Prüfung der Ordnungsmäßigkeit und Rechtsgültigkeit der Wahlen, ist **Angelegenheit des Bundestages**. Bei ihm liegt auch die **Entscheidung der Frage**, ob ein Abgeordneter des Bundestages die **Mitgliedschaft verloren** hat. Als Rechtsmittel gegen die Entscheidung des Bundestages ist die Beschwerde an das Bundesverfassungsgericht zulässig (Art. 41). Die nähere Regelung enthält das Wahlprüfungsgesetz vom 12. 3. 1951 (mit Änderungen vom 24. 8. 1965 und 24. 6. 1975). Die **Wahl** des Bundestages erfolgt auf **vier Jahre.** Seine Wahlperiode endet vier Jahre nach dem ersten Zusammentritt oder mit seiner Auflösung.

Eine **Auflösung des Bundestages** durch den **Bundespräsidenten** kann erfolgen:

a) bei Wahl eines Minderheitskanzlers gem. Art. 63 Abs. 4;
b) bei Verneinung der vom Bundeskanzler gestellten Vertrauensfrage — Art. 68 Abs. 1 — (siehe unter § 8: „Die Bundesregierung").

So wurde z. B. der 9. Deutsche Bundestag durch Anordnung des Bundespräsidenten vom 6. 1. 1983 aufgelöst.

Die **Neuwahl des Bundestages** findet im allgemeinen im **letzten Vierteljahr** der **Wahlperiode** statt, im Falle seiner Auflösung spätestens nach 60 Tagen. Der Bundestag tritt spätestens am 30. Tage nach der Wahl, jedoch nicht vor dem Ende der Wahlperiode des letzten Bundestages, zusammen. Den **Schluß** und den **Wiederbeginn seiner Sitzungen bestimmt** der **Bundestag**. Er **kann** durch seinen **Präsidenten früher** einberufen werden. Der Präsident des Bundestages ist hierzu **verpflichtet**, wenn ein **Drittel** der **Bundestagsmitglieder**, der **Bundespräsident** oder der **Bundeskanzler** es verlangen (Art. 39).

III. Rechtsstellung der Abgeordneten

1. Allgemeines

Die Abgeordneten des Bundestages sind **Vertreter des ganzen Volkes**. Sie besitzen **Entschließungsfreiheit**, d. h. sie sind nur ihrem Gewissen unterworfen und an **Aufträge und Weisungen nicht gebunden** (Art. 38 Abs. 1). Wer sich um einen Sitz im Bundestag bewirbt, hat **Anspruch** auf den zur Vorbereitung seiner Wahl erforderlichen **Urlaub**.

An der **Übernahme** und **Ausübung** des Amtes eines Abgeordneten darf **niemand gehindert** werden. Eine **Kündigung** oder **Entlassung** aus diesem Grunde ist **nicht** zulässig (Art. 48 Abs. 1 und 2).

2. Indemnität und Immunität

Den Mitgliedern des Bundestages ist durch das Grundgesetz das **Recht der freien Meinungsäußerung** zugestanden. Ein Abgeordneter **darf** zu **keiner Zeit** wegen seiner Abstimmung oder wegen einer im Bundestag oder in einem der Ausschüsse des Bundestages getanen Äußerung gerichtlich oder dienstlich verfolgt werden oder sonst außerhalb des Bundestages zur Verantwortung gezogen werden. Diese **Indemnität** (Verantwortungsfreiheit) deckt allerdings **keine verleumderische Beleidigungen**.

Wegen einer mit Strafe bedrohten Handlung darf ein Abgeordneter **nur** mit **Genehmigung des Bundestages** zur Verantwortung gezogen oder verhaftet werden **(Immunität)**, es sei denn, daß er entweder bei Begehung der Tat oder am folgenden Tage festgenommen wird.

Ferner ist die Genehmigung des Bundestages bei jeder anderen Beschränkung der persönlichen Freiheit des Abgeordneten oder zur Einleitung eines Verfahrens gegen einen Abgeordneten gem. Art. 18 (Verwirkung von Grundrechten) erforderlich.

Jedes **Strafverfahren** und jedes **Verfahren gem. Art. 18** gegen einen **Abgeordneten**, jede **Haft** und jede sonstige Beschränkung der persönlichen Freiheit müssen auf **Verlangen des Bundestages ausgesetzt** werden (Art. 46).

3. Zeugnisverweigerungsrecht

Die Abgeordneten des Bundestages haben das Recht, das **Zeugnis zu verweigern**

a) über Personen, die ihnen in ihrer Eigenschaft als Abgeordnete oder denen sie in dieser Eigenschaft Tatsachen anvertraut haben, sowie

b) über diese Tatsachen selbst.

Im Rahmen des Zeugnisverweigerungsrechtes ist die Beschlagnahme von Schriftstücken unzulässig (Art. 47).

4. Entschädigung und Freifahrtberechtigung

Um die Unabhängigkeit der Abgeordneten auch in wirtschaftlicher Hinsich sicherzustellen, haben sie **Anspruch** auf eine angemessene **Entschädigung**. Ferner haben sie das **Recht der freien Benutzung** aller staatlichen **Verkehrsmittel** (Art. 48 Abs. 3).

IV. Organisation des Bundestages

1. Präsidium und Geschäftsordnung

Der Bundestag wählt seinen **Präsidenten**, dessen **Stellvertreter** sowie die **Schriftführer** und gibt sich eine **Geschäftsordnung**. Der **Präsident** des Bundestages übt das **Hausrecht** und die **Polizeigewalt** im Bundestagsgebäude aus. Eine Durchsuchung oder Beschlagnahme in den Räumen des Bundestages **darf nur** mit seiner Genehmigung stattfinden (Art. 40).

Für die Mitglieder des **Präsidiums** gelten die Art. 46 (Indemnität, Immunität), 47 (Zeugnisverweigerungsrecht) sowie die Absätze 2 und 3 des Art. 48 (Verbot der Hinderung der Ausübung des Amtes eines Abgeordneten und Unzulässigkeit einer Kündigung oder Entlassung aus diesem Grunde; Entschädigung und Freifahrtberechtigung) auch für die Zeit zwischen zwei Wahlperioden (Art. 49).

2. Ausschüsse

Den **Ausschüssen** des Bundestages obliegt **die Vorbereitung der Plenarsitzungen**.

Das Grundgesetz erwähnte in seiner ursprünglichen Fassung bereits den **Untersuchungsausschuß** und den **ständigen Ausschuß**.

Durch Gesetz vom 19. 3. 1956 fanden auch der **Ausschuß für auswärtige Angelegenheiten** und der **Verteidigungsausschuß**, durch Gesetz vom 15. 7. 1975 der Petitionsausschuß Aufnahme in die Verfassung.

a) **Untersuchungsausschuß**

Die Einsetzung eines Untersuchungsausschusses liegt im **freien Ermessen** des Bundestages. Er **muß** ihn einsetzen, wenn ein Viertel seiner Mitglieder es verlangt. Der Untersuchungsausschuß erhebt die erforderlichen Beweise in öffentlicher Verhandlung. Die Öffentlichkeit kann ausgeschlossen werden (Art. 44 Abs. 1). Diese Bestimmungen finden auf dem Gebiet der Verteidigung keine Anwendung (Art. 45a Abs. 3).

Die Vorschriften über den Strafprozeß werden auf die Beweiserhebung sinngemäß angewendet. Das Brief-, Post- und Fernmeldegeheimnis bleibt unberührt. Die Gerichte und Verwaltungsbehörden sind verpflichtet, Rechts- und Amtshilfe zu leisten. Die Beschlüsse der Untersuchungsausschüsse sind der richterlichen Erörterung entzogen. In der Würdigung und Beurteilung des der Untersuchung zugrunde liegenden Sachverhaltes sind die Gerichte frei (Art. 44 Abs. 2—4).

b) **Ständiger Ausschuß**

Zur **Wahrung der Rechte des Bundestages** gegenüber der **Bundesregierung zwischen zwei Wahlperioden** bestellt der Bundestag einen **ständigen Ausschuß**. Der ständige Ausschuß hat auch die Rechte eines Untersuchungsausschusses.

Weitergehende Befugnisse stehen dem ständigen Ausschuß **nicht** zu, insbesondere nicht das Recht der Gesetzgebung, der Wahl des Bundeskanzlers und der Anklage des Bundespräsidenten (Art. 45).

c) **Ausschuß für auswärtige Angelegenheiten**

Art. 45a Abs. 1 bestimmt, daß der Bundestag einen Ausschuß für auswärtige Angelegenheiten bestellt. Dieser Ausschuß wird auch **zwischen zwei Wahlperioden** tätig.

d) **Ausschuß für Verteidigung**

Der Bundestag bildet einen Ausschuß für Verteidigung, der ebenfalls zwischen zwei Wahlperioden zusammentreten kann. Der Ausschuß für Verteidigung hat **auch** die **Rechte** eines **Untersuchungsausschusses**. Auf Antrag eines Viertels seiner Mitglieder ist er verpflichtet, eine Angelegenheit zum Gegenstand seiner Untersuchung zu machen (Art. 45a Abs. 1—2).

Auch für die Mitglieder des ständigen Ausschusses, des Ausschusses für auswärtige Angelegenheiten und des Ausschusses für Verteidigung gelten die Art. 46 (Indemnität, Immunität), 47 (Zeugnisverweigerungsrecht) sowie die Absätze 2 und 3 des Art. 48 (Verbot der Hinderung der Ausübung des Amtes eines Abgeordneten und Unzulässigkeit einer Kündigung oder Entlassung aus diesem Grunde; Entschädigung und Freifahrtberechtigung) für die Zeit zwischen zwei Wahlperioden (Art. 49).

3. Wehrbeauftragter des Bundestages

Art. 45b bestimmt, daß zum **Schutz der Grundrechte** und als **Hilfsorgan des Bundestages** bei der Ausübung der parlamentarischen Kontrolle ein **Wehrbeauftragter** des Bundestages berufen wird. Die nähere Regelung enthält das Gesetz vom 26. 6. 1957 i. d. F. vom 16. 6. 1982.

V. Verhandlungen des Bundestages

Die **Verhandlungen** des Bundestages sind **öffentlich**. Die Öffentlichkeit kann auf Antrag eines Zehntels seiner Mitglieder oder auf Antrag der Bundesregierung mit Zweidrittelmehrheit **ausgeschlossen** werden. Über den Antrag wird in nichtöffentlicher Sitzung entschieden.

Wahrheitsgetreue Berichte über die Sitzungen des Bundestages und seiner Ausschüsse bleiben von jeder **Verantwortlichkeit frei**.
Zu einem **Beschluß** des Bundestages ist die **Mehrheit der abgegebenen Stimmen** erforderlich, **soweit** das **Grundgesetz keine andere Bestimmung** trifft. Für die Wahlen, die vom Bundestag vorzunehmen sind, kann die Geschäftsordnung Ausnahmen zulassen (Art. 42).

Eine andere Bestimmung trifft das Grundgesetz, indem es einerseits eine **qualifizierte Mehrheit** (d. h. eine Erhöhung der allgemein erforderlichen Stimmenzahl) vorschreibt, andererseits eine **Stimmenminderheit** (d. h. eine Verminderung der allgemein erforderlichen Stimmenzahl) gestattet.
Eine qualifizierte Stimmenmehrheit schreibt das Grundgesetz z. B. vor für den Ausschluß der Öffentlichkeit in den Verhandlungen des Bundestages (dieser Beschluß erfordert eine Zweidrittelmehrheit — Art. 42 Abs. 1 —), für den Beschluß auf Erhebung der Anklage gegen den Bundespräsidenten vor dem

Bundesverfassungsgericht (dieser Beschluß bedarf der Mehrheit von zwei Dritteln der Mitglieder des Bundestages oder von zwei Dritteln der Stimmen des Bundesrates — Art. 61 Abs. 1 —) und für grundgesetzändernde Gesetze (diese Gesetze bedürfen der Zustimmung von zwei Dritteln der Mitglieder des Bundestages und zwei Dritteln der Stimmen des Bundesrates — Art. 79 Abs. 2 —). Eine **Stimmenminderheit** ist im Grundgesetz z. B. in folgenden Fällen zugelassen: Der Bundestagspräsident ist zur Einberufung des Bundestages verpflichtet, wenn ein Drittel der Bundestagsmitglieder es verlangt (Art. 39 Abs. 3); der Antrag auf Ausschluß der Öffentlichkeit in den Sitzungen des Bundestages kann von einem Zehntel der Bundestagsmitglieder gestellt werden (Art. 42 Abs. 1); die Einsetzung eines Untersuchungsausschusses kann ein Viertel der Mitglieder des Bundestages bewirken (Art. 44 Abs. 1), der Antrag auf Erhebung der Anklage gegen den Bundespräsidenten vor dem Bundesverfassungsgericht muß von mindestens einem Viertel der Mitglieder des Bundestages oder einem Viertel der Stimmen des Bundesrates gestellt werden (Art. 61 Abs. 1).

VI. Zuständigkeit und Rechte des Bundestages

Das **wichtigste Recht** des Bundestages ist die **Gesetzgebung** (siehe § 9: Die Bundesgesetzgebung).

Auch der **Haushaltsplan** des Bundes wird durch Gesetz **(Haushaltsgesetz)** festgestellt (Art. 110).

Weiter ist im Grundgesetz die **Zuständigkeit des Bundestages** in folgenden Fällen festgelegt:

a) Der Bundestag und seine Ausschüsse können die **Anwesenheit jedes Mitgliedes der Bundesregierung** verlangen (Art. 43 Abs. 1);

b) Der Bundestag hat das **Enqueterecht**, d. h. das Recht zur Einsetzung von Untersuchungsausschüssen (Art. 44);

c) Bei seinem **Amtsantritt** leistet der **Bundespräsident** vor den versammelten Mitgliedern des Bundestages und des Bundesrates seinen **Amtseid** (Art. 56);

d) Der Bundestag ist neben dem Bundesrat **berechtigt, den Bundespräsidenten** vor dem Bundesverfassungsgericht **anzuklagen**, daß er vorsätzlich das Grundgesetz oder ein anderes Bundesgesetz verletzt habe (Art. 61 Abs. 1);

e) Der Bundestag **wählt** nach den Vorschriften der Art. 63 und 67 den **Bundeskanzler;**

f) Der Bundestag kann entsprechend den Bestimmungen der Art. 67 und 68 dem **Bundeskanzler** das **Mißtrauen aussprechen** und einem Antrag des Bundeskanzlers, ihm das Vertrauen auszusprechen, die Zustimmung versagen;

g) Der Bundestag kann, wenn zu einem Gesetz die Zustimmung des Bundesrates erforderlich ist, die **Einberufung** des für die gemeinsame Beratung von Vorlagen gebildeten **Bundestags-Bundesrats-Ausschusses** verlangen (Art. 77 Abs. 2);

h) Die **Mitglieder des Bundesverfassungsgerichtes** werden je zur **Hälfte** vom Bundestag und vom Bundesrat gewählt (Art. 94 Abs. 1);

i) Der Bundestag wählt die **Hälfte** der Mitglieder des **Richterwahlausschusses** (Art. 95 Abs. 2);

k) Der Bundestag kann Antrag an das Bundesverfassungsgericht bei der **Richteranklage** stellen (Art. 98 Abs. 2);

l) Der **Bundesfinanzminister** hat dem Bundestag (und dem Bundesrat) über alle Einnahmen und Ausgaben sowie über Vermögen und Schulden im Laufe des nächsten Rechnungsjahres **Rechnung** zu legen (Art. 114);

m) Der Bundestag trifft (mit Zustimmung des Bundesrates) die **Feststellung** des **Verteidigungsfalles** (Art. 115 a);

n) Der Bundestag kann (mit Zustimmung des Bundesrates) **Gesetze** des **Gemeinsamen Ausschusses aufheben** (Art. 115 l Abs. 1);

o) Der Bundestag erklärt (mit Zustimmung des Bundesrates) die **Beendigung** des **Verteidigungsfalles** (Art. 115 l Abs. 2).

An **kollegialen Rechten** besitzt der Bundestag

a) das Recht auf **Selbstversammlung** (Art. 39 Abs. 3);

b) das Recht zur **Wahl** seines **Präsidenten,** dessen Stellvertreters und der **Schriftführer** (Art. 40 Abs. 1 Satz 1);

c) das Recht auf **Erlaß einer Geschäftsordnung** (Art. 40 Abs. 1 Satz 2);

d) das Recht der **Wahlprüfung** (Art. 41 Abs. 1).

§ 6. Der Bundesrat

I. Allgemeines

Der **Bundesrat** stellt das **föderative Element** unter den Organen der Bundesrepublik Deutschland dar. **Durch ihn wirken die Länder bei der Gesetzgebung und Verwaltung des Bundes mit** (Art. 50). Der Bundesrat ist ein **Organ des Bundes,** nicht der Länder, die er repräsentiert wie der Bundestag das deutsche Volk.

II. Zusammensetzung und Organisation des Bundesrates

Der Bundesrat setzt sich aus **Mitgliedern** der **Regierungen** der deutschen **Länder,** die sie bestellen und abberufen, zusammen. Sie können durch **andere** Mitglieder ihrer Regierungen **vertreten** werden (Art. 51). Maßgebend für die **Stimmenzahl** der einzelnen Länder ist die **Bevölkerungsziffer,** jedoch hat **jedes Land mindestens drei Stimmen.** Länder mit **mehr als zwei** Millionen Einwohner haben **vier,** Länder mit **mehr als sechs** Millionen Einwohner **fünf** Stimmen.

Jedes Land kann so viele Mitglieder in den Bundesrat entsenden, wie es Stimmen hat. Die Stimmen eines Landes können **nicht frei,** sondern auf Grund von **Instruktionen** der Länderregierungen nur **einheitlich** und **nur** durch **anwesende** Mitglieder oder deren Vertreter **abgegeben** werden (Art. 51 Abs. 3). Der Bundesrat hat die Befugnis, sich eine **Geschäftsordnung** zu geben und damit seinen Geschäftsgang selbst zu regeln.

Der Bundesrat wählt seinen **Präsidenten,** dessen Amtsdauer **ein Jahr** beträgt (Art. 52 Abs. 1). Die **Einberufung** des Bundesrates obliegt dem **Präsidenten.** Dieser **muß** den Bundesrat **einberufen,** wenn die **Vertreter** mindestens **zweier Länder** oder die **Bundesregierung es verlangen.** Dem Bundesratspräsidenten obliegt ferner die Wahrnehmung der Befugnisse des Bundespräsidenten im Falle dessen Verhinderung oder bei vorzeitiger Erledigung dessen Amtes (Art. 57).

III. Verhandlungen des Bundesrates

Die **Verhandlungen** des Bundesrates sind grundsätzlich **öffentlich,** jedoch **kann** bei der Beratung bestimmter Punkte die **Öffentlichkeit ausgeschlossen** werden (Art. 52 Abs. 3).

Der Bundesrat faßt seine **Beschlüsse** mit mindestens der **Mehrheit seiner Stimmen.**

Die Mitglieder der Bundesregierung haben das Recht und auf Verlangen die Pflicht der Teilnahme an den Verhandlungen des Bundesrates und seiner Ausschüsse. Sie müssen jederzeit gehört werden (Art. 53).

IV. Zuständigkeit und Rechte des Bundesrates

Die **Rechte** des Bundesrates finden sich verstreut über das ganze Grundgesetz. Der Bundesrat ist vor allem bei der **Bundesgesetzgebung eingeschaltet** und hat ein **abgestuftes Mitwirkungsrecht.** Er besitzt neben dem Bundestag und der Bundesregierung das **Recht** der **Gesetzesinitiative** (Art. 76). Der Bundesrat kann **binnen zwei Wochen** nach Eingang eines Gesetzesbeschlusses des Bundestages die **Einberufung** eines aus Mitgliedern des Bundestages **und** des Bundesrates für die gemeinsame Beratung von Vorlagen gebildeten **Ausschusses** verlangen und, wenn dieses Verfahren (evtl. Änderungsvorschläge des Ausschusses und erneute Beschlußfassung des Bundestages) nicht zur Einigung geführt hat, grundsätzlich gegen Gesetzesbeschlüsse des Bundestages innerhalb einer Woche **Einspruch** einlegen. In einer Reihe von Fällen, bei denen die Interessen der Länder stark berührt werden, besitzt der Bundesrat **volle Gleichstellung** mit dem Bundestag und muß, wenn ein Gesetz zustande kommen soll, seine **Zustimmung** geben.

Von besonderer Bedeutung ist die Stellung des Bundesrates im Falle des **Gesetzgebungsnotstandes**. Beim Gesetzgebungsnotstand tritt der Bundesrat unter bestimmten Voraussetzungen als **sog. Legalitätsreserve** vorübergehend als **Gesetzgeber an die Stelle des Bundestages** (Art. 81).

Die Mitglieder des Bundesrates haben zu allen Sitzungen des Bundestages und seiner Ausschüsse Zutritt und müssen jederzeit gehört werden (Art. 43 Abs. 2). Eine starke Stellung hat der Bundesrat auf dem Gebiet der **Verwaltung,** in die er weitgehend eingeschaltet ist, so z. B. im Falle des Art. 37 (Bundeszwang) und des Art. 84 Abs. 4 (Mängelrüge). Der Bundesrat ist von der Bundesregierung über die Führung der Geschäfte auf dem laufenden zu halten (Art. 53).

Über die Mitwirkung des Bundesrates beim Erlaß von Gesetzen und Rechtsverordnungen siehe unter § 9: „Die Bundesgesetzgebung", beim Erlaß von allgemeinen Verwaltungsvorschriften siehe unter § 10: „Die Ausführung der Bundesgesetze und die Bundesverwaltung".

§ 7. Der Bundespräsident

I. Wahl des Bundespräsidenten und Beendigung des Amtes

Die **Wahl** des **Bundespräsidenten** erfolgt nicht, wie die Wahl des Reichspräsidenten in der Weimarer Zeit, durch das Volk, sondern ohne Aussprache durch eine neuartige **Bundesversammlung. Wählbar** ist jeder **Deutsche,** der das **Wahlrecht zum Bundestag** besitzt und das **vierzigste Lebensjahr** vollendet hat (Art. 54 Abs. 1).

Gewählt ist, wer die **Stimmen der Mehrheit** der Mitglieder der Bundesversammlung auf sich vereinigt. Falls diese Mehrheit in **zwei Wahlgängen** von **keinem** Bewerber erzielt wird, so ist gewählt, wer in einem **weiteren Wahlgang** die **relative Mehrheit** erhält. Die nähere Regelung ist einem Bundesgesetz vorbehalten (Art. 54 Abs. 6 und 7).

Die **Bundesversammlung** als Organ, dem die Wahl des Bundespräsidenten obliegt, setzt sich aus den **Abgeordneten des Bundestages** und einer **gleichen Anzahl** von Mitgliedern zusammen, die von den **Parlamenten der Länder** nach Verhältniswahlgrundsätzen gewählt werden.

Der **Zusammentritt** der **Bundesversammlung** erfolgt spätestens 30 Tage vor Ablauf der Amtszeit des Bundespräsidenten. Bei vorzeitiger Beendigung der Amtszeit tritt die Bundesversammlung spätestens 30 Tage nach diesem Zeitpunkt zusammen. Nach Ablauf der Wahlperiode beginnt die Frist mit dem ersten Zusammentritt des Bundestages.

Die **Einberufung** der Bundesversammlung erfolgt durch den **Präsidenten des Bundestages** (Art. 54 Abs. 3—5).

Die nähere Regelung der Wahl des Bundespräsidenten ist im Gesetz über die Wahl des Bundespräsidenten durch die Bundesversammlung vom 25. 4. 1959, geändert am 24. 6. 1975, enthalten.

Der Bundespräsident darf **nicht der Regierung** oder einer **gesetzgebenden Körperschaft** des Bundes oder eines Landes angehören. Er darf **kein** anderes **besoldetes Amt, kein Gewerbe** und **keinen Beruf ausüben** und nicht in der Leitung oder dem Aufsichtsrat eines auf Erwerb gerichteten Unternehmens mitwirken (Art. 55).

Bei **Amtsantritt** leistet der Bundespräsident vor den versammelten Mitgliedern des Bundestages und des Bundesrates den **Amtseid** (Art. 56).

Die **Eidesformel** lautet:

„Ich schwöre, daß ich meine Kraft dem Wohle des deutschen Volkes widmen, seinen Nutzen mehren, Schaden von ihm wenden, das Grundgesetz und die Gesetze des Bundes wahren und verteidigen, meine Pflichten gewissenhaft erfüllen und Gerechtigkeit gegen jedermann üben werde. So wahr mir Gott helfe."

Der Eid kann auch ohne religiöse Beteuerung geleistet werden.

Die **Amtsdauer** des Bundespräsidenten beträgt **fünf Jahre.** Anschließende **Wiederwahl** ist **nur einmal** zulässig (Art. 54 Abs. 2).

Im **Falle der Verhinderung** oder bei **vorzeitiger Erledigung seines Amtes** werden die Befugnisse des Bundespräsidenten durch den **Präsidenten des Bundesrates** wahrgenommen (Art. 57). Eine ständige allgemeine Vertretung sieht das Grundgesetz nicht vor.

Das Amt des Bundespräsidenten **endet** in der Regel durch **Zeitablauf,** d. h. durch Ablauf der fünfjährigen Amtsdauer, für die er gewählt worden ist; weiter vorzeitig durch **Tod, Verzicht** oder **Aberkennung des Amtes** durch das Bundesverfassungsgericht.

Der Bundespräsident kann vom Bundestag oder vom Bundesrat wegen **vorsätzlicher Verletzung des Grundgesetzes** oder eines anderen **Bundesgesetzes** vor dem **Bundesverfassungsgericht angeklagt** werden. Der Antrag auf Erhebung der Anklage muß von mindestens einem Viertel der Mitglieder des Bundestages oder einem Viertel der Stimmen des Bundesrates gestellt werden. Der Beschluß auf Erhebung der Anklage bedarf einer Zweidrittelmehrheit der Mitglieder des Bundestages bzw. der Zweidrittelmehrheit der Stimmen des Bundesrates. Die Anklagevertretung erfolgt durch einen Beauftragten der anklagenden Körperschaft. Wenn das Bundesverfassungsgericht feststellt, daß sich der Bundespräsident einer vorsätzlichen Verletzung des Grundgesetzes oder eines anderen Bundesgesetzes **schuldig** gemacht hat, kann es ihn seines **Amtes für verlustig** erklären.

Durch einstweilige Anordnung kann es nach Erhebung der Anklage bestimmen, daß er an der Ausübung seines Amtes verhindert ist (Art. 61).

II. Aufgaben und allgemeine Stellung des Bundespräsidenten

Die **Befugnisse** des Bundespräsidenten sind gegenüber dem Reichspräsidenten der Weimarer Verfassung, der mit weitgehenden Amtsbefugnissen ausgestattet war, erheblich vermindert. Wenn auch der Bundespräsident nicht die Machtfülle des früheren Reichspräsidenten besitzt, so ist er aber doch mehr als ein bloßes Repräsentativorgan.

Dem Bundespräsidenten obliegt die **völkerrechtliche Vertretung** des **Bundes.** Er **schließt im Namen des Bundes die Verträge** mit auswärtigen Staaten und **beglaubigt** und **empfängt** die **Gesandten** (Art. 59 Abs. 1).
Der Bundespräsident hat die grundgesetzmäßig zustande gekommenen **Gesetze** nach Gegenzeichnung durch den Bundeskanzler oder den zuständigen Bundesminister **auszufertigen** und im Bundesgesetzblatt zu **verkünden** (Art. 82 Abs. 1).

Gemäß Art. 115 a Abs. 3 hat der Bundespräsident die durch den Bundestag bzw. durch den Gemeinsamen Ausschuß getroffene **Feststellung** des **Verteidigungsfalles** im Bundesgesetzblatt zu **verkünden.**

Ist dies nicht rechtzeitig möglich, so erfolgt die Verkündung in anderer Weise. Sie ist im Bundesgesetzblatt nachzuholen, sobald die Umstände es zulassen (Näheres siehe § 13, Abschnitt I).

Der Bundespräsident **erklärt** nach den Bestimmungen des Art. 81 den **Gesetzgebungsnotstand.** Weiter macht er dem Bundestag einen **ersten Vorschlag** für die **Wahl des Bundeskanzlers,** hat dessen **Ernennung** nach der Wahl durch den Bundestag zu vollziehen sowie die **Bundesminister** auf Vorschlag des Bundeskanzlers zu **ernennen** und zu **entlassen.** Der Bundespräsident hat das Recht, in **bestimmten Fällen** den **Bundestag aufzulösen** (Art. 63 Abs. 4, Art. 68 Abs. 1) und den Bundeskanzler und die Bundesminister um Weiterführung der Geschäfte bis zur Ernennung eines Nachfolgers zu ersuchen (Art. 69 Abs. 3). Er kann die Einberufung des Bundestages verlangen (Art. 39 Abs. 3). Ferner genehmigt er die Geschäftsordnung der Bundesregierung (Art. 65).

Der Bundespräsident **ernennt** und **entläßt** die **Bundesrichter,** die **Bundesbeamten,** die **Offiziere** und **Unteroffiziere,** soweit gesetzlich nichts anderes bestimmt ist, und übt im Einzelfalle für den Bund das **Begnadigungsrecht** aus. Er kann allerdings diese Befugnisse auf andere Behörden übertragen (Art. 60). **Anordnungen** und **Verfügungen** des Bundespräsidenten bedürfen zu ihrer Gültigkeit der **Gegenzeichnung** durch den **Bundeskanzler** oder durch den zuständigen **Bundesminister** (Art. 58).

Diese Bestimmung gilt nicht für die Ernennung und Entlassung des Bundeskanzlers, die Auflösung des Bundestages gemäß Art. 63 und das Ersuchen an den Bundeskanzler und die Bundesminister um Weiterführung der Geschäfte.

Der Bundespräsident kann wegen einer mit Strafe bedrohten Handlung **nur** mit **Genehmigung des Bundestages** zur **Verantwortung gezogen** oder **verhaftet** werden, es sei denn, daß er bei Begehung der Tat oder im Laufe des folgenden Tages festgenommen wird. Ferner ist die Genehmigung des Bundestages bei jeder anderen Beschränkung der persönlichen Freiheit des Bundespräsidenten oder zur Einleitung eines Verfahrens gegen ihn gem. Art. 18 (Verwirkung von Grundrechten) erforderlich. Jedes **Strafverfahren** und jedes Verfahren gem. Art. 18, jede **Haft** oder jede sonstige **Beschränkung** seiner **persönlichen Freiheit** muß auf **Verlangen des Bundestages ausgesetzt** werden (Art. 60 Abs. 4 in Verbindung mit Art. 46 Abs. 2—4).

§ 8. Die Bundesregierung

I. Der Aufbau der Bundesregierung

Die Bundesregierung setzt sich aus dem **Bundeskanzler** und den **Bundesministern** zusammen (Art. 62).

Die **Wahl des Bundeskanzlers,** dem durch das Grundgesetz eine starke Stellung gegeben ist, erfolgt auf **Vorschlag** des **Bundespräsidenten** ohne Aussprache durch den **Bundestag. Gewählt** ist, wer die **Stimmen der Mehrheit der Mitglieder des Bundestages** erhält. Die **formelle Ernennung** des Gewählten erfolgt durch den **Bundespräsidenten.**

Wenn der Bundestag dem Vorschlag des Bundespräsidenten **nicht** folgt, so kann er binnen vierzehn Tagen nach dem ersten Wahlgang mit **mehr** als der **Hälfte** seiner **Mitglieder** von sich aus einen Bundeskanzler wählen.

Kommt **innerhalb dieser Frist** eine Wahl **nicht** zustande, so hat unverzüglich ein **neuer Wahlgang** stattzufinden, in dem als gewählt gilt, wer die meisten Stimmen, also die **relative Stimmenmehrheit** erhält. Vereinigt der Gewählte die Stimmen der Mehrheit der Mitglieder des Bundestages auf sich, so **muß** ihn der Bundespräsident innerhalb von sieben Tagen nach der Wahl ernennen. Erreicht aber der Gewählte diese Mehrheit **nicht,** so hat der Bundespräsident die **Wahl,** ihn entweder binnen sieben Tagen zu **ernennen** oder den **Bundestag aufzulösen** (Art. 63).

Unter „Mehrheit der Mitglieder des Bundestages" ist die **Mehrheit der gesetzlichen Mitgliederzahl** des Bundestages zu verstehen (Art. 121).

Die **Bundesminister** werden ohne Einschaltung des Bundestages vom **Bundespräsidenten** auf **Vorschlag des Bundeskanzlers ernannt und entlassen.**

Bei der Amtsübernahme haben der Bundeskanzler und die Bundesminister vor dem Bundestag den **Amtseid** zu leisten (Art. 64).

Die Eidesformel ist die gleiche wie die des Bundespräsidenten. Der Bundeskanzler und die Bundesminister dürfen kein anderes besoldetes Amt, kein Gewerbe und keinen Beruf ausüben und weder der Leitung noch ohne Zustimmung des Bundestages dem Aufsichtsrate eines auf Erwerb gerichteten Unternehmens angehören (Art. 66).

Der Bundeskanzler **leitet** die **Geschäfte** der **Bundesregierung** nach einer von der Regierung beschlossenen und vom Bundespräsidenten genehmigten **Geschäftsordnung.** Er **bestimmt** die **Richtlinien der Politik** und trägt dafür die Verantwortung. Innerhalb dieser Richtlinien leitet jeder Bundesminister seinen ihm anvertrauten Geschäftsbereich selbständig und unter eigener Verantwortung. Meinungsverschiedenheiten zwischen den Bundesministern werden von der Bundesregierung entschieden (Art. 65).

Gemäß Art. 65 a hat der **Bundesminister der Verteidigung** die **Befehls- und Kommandogewalt über die Streitkräfte.**

Mit der **Verkündung** des **Verteidigungsfalles** geht die Befehls- und Kommandogewalt auf den **Bundeskanzler** über (Art. 115 b).

Der Bundeskanzler ernennt einen Bundesminister zu seinem **Stellvertreter.** Das Amt des Bundeskanzlers oder eines Bundesministers **endigt** in jedem Fall mit dem **Zusammentritt** eines **neuen Bundestages,** das Amt eines Bundesministers auch mit jeder anderen **Erledigung** des

Amtes des Bundeskanzlers. Auf Ersuchen des Bundespräsidenten hat der Bundeskanzler, auf Ersuchen des Bundeskanzlers oder des Bundespräsidenten haben die Bundesminister die **Pflicht,** die **Geschäfte** bis zur Ernennung eines Nachfolgers **weiterzuführen** (Art. 69).

Für dieses Ersuchen des Bundespräsidenten ist die Gegenzeichnung des Bundeskanzlers nicht erforderlich (Art. 58).

Die Rechtsverhältnisse der Mitglieder der Bundesregierung wurden durch das Bundesministergesetz vom 17. 6. 1953 i. d. F. vom 27. 7. 1971, geändert am 2. 3. 1974, 24. 7. 1974, 20. 12. 1974, 20. 3. 1979 und 22. 12. 1982, geregelt.

Mißtrauensvotum und **Vertrauensfrage** sind auch in das Grundgesetz aufgenommen worden. Man hat das **parlamentarische Regierungssystem** beibehalten, es allerdings mit dem Ziel der Schaffung einer stabileren Regierung **abgeändert.** Als **Vorsichtsmaßregel gegen** zu **häufigen Wechsel** der Regierung wurde die Anwendung des Mißtrauensvotums durch eine negative Mehrheit ausgeschaltet und, um der Bundesregierung eine **stärkere Stellung** zu geben, das **sog. konstruktive Mißtrauensvotum** eingeführt. Es besteht darin, daß **gleichzeitige Wahl eines neuen Regierungschefs**, d. h. **Übernahme der Verantwortung** durch die Oppositionsmehrheit, gefordert wird.

Der Bundestag kann dem Bundeskanzler das Mißtrauen **nur dadurch aussprechen,** daß er mit der Mehrheit seiner Mitglieder einen **Nachfolger wählt** und den Bundespräsidenten um Entlassung des bisherigen Bundeskanzlers ersucht. Der Bundespräsident hat dem Ersuchen zu entsprechen und den neugewählten Bundeskanzler zu ernennen. Zwischen Antrag und Wahl müssen 48 Stunden liegen (Art. 67).

Wenn der Bundeskanzler im Bundestag den **Antrag** stellt, ihm das **Vertrauen auszusprechen** und der **Bundestag** dem Antrag **nicht** mit der Mehrheit seiner Mitglieder zustimmt, kann der Bundespräsident auf Vorschlag des Bundeskanzlers binnen 21 Tagen den **Bundestag auflösen. Falls der Bundestag** innerhalb dieser Frist mit der Mehrheit seiner Mitglieder einen **anderen Bundeskanzler wählt, erlischt** das **Recht zur Auflösung** (Art. 68).

II. Zuständigkeit und Rechte der Bundesregierung

Neben dem Bundestag und dem Bundesrat besitzt die Bundesregierung das Recht der **Gesetzesinitiative** (Art. 76 Abs. 1). Die meisten Gesetzesvorlagen werden wie bisher von der Regierung ausgehen.

Durch Bundesgesetz kann die Bundesregierung ermächtigt werden, **Rechtsverordnungen** zu erlassen (Art. 80 Abs. 1).

Die Bundesregierung hat die **Befugnis, Antrag** auf **Erklärung** des **Gesetzgebungsnotstandes** für eine **dringliche Gesetzesvorlage** unter den Voraussetzungen des Art. 81 zu stellen.

Wenn eine **Naturkatastrophe** oder ein **besonders schwerer Unglücksfall** das **Gebiet mehr als eines Landes gefährdet,** kann die **Bundesregierung,** soweit es zur wirksamen Bekämpfung erforderlich ist,

a) den Landesregierungen die Weisung erteilen, **Polizeikräfte** anderen Ländern zur Verfügung zu stellen sowie

b) **Einheiten** des **Bundesgrenzschutzes** und der **Streitkräfte** zur Unterstützung der Polizeikräfte einsetzen.

Solche Maßnahmen der Bundesregierung sind jederzeit auf Verlangen des Bundesrates, im übrigen unverzüglich nach Beseitigung der Gefahr aufzuheben (Art. 35 Abs. 3).

Zur **Abwehr** einer **drohenden Gefahr** für den **Bestand** odér die **freiheitliche demokratische Grundordnung des Bundes oder eines Landes** kann ein Land Polizeikräfte anderer Länder sowie Kräfte und Einrichtungen anderer Verwaltungen und des Bundesgrenzschutzes anfordern (Art. 91 Abs. 1).

Wenn das Land, in dem die Gefahr droht, nicht selbst zur Bekämpfung der Gefahr bereit oder in der Lage ist, so kann die **Bundesregierung**

a) die Polizei in diesem Lande und die Polizeikräfte anderer Länder ihren Weisungen unterstellen sowie
b) Einheiten des Bundesgrenzschutzes einsetzen.

Solche Anordnungen der Bundesregierung sind nach Beseitigung der Gefahr, im übrigen jederzeit auf Verlangen des Bundesrates aufzuheben (Art. 91 Abs. 2).

Wenn die Voraussetzungen des Art. 91 Abs. 2 vorliegen und die Polizeikräfte sowie der Bundesgrenzschutz nicht ausreichen, um eine drohende Gefahr für den Bestand oder die freiheitliche demokratische Grundordnung des Bundes oder eines Landes abzuwehren, kann die Bundesregierung **Streitkräfte** einsetzen.

Der Einsatz von Streitkräften darf nur erfolgen zur Unterstützung der Polizei und des Bundesgrenzschutzes

a) beim **Schutz von zivilen Objekten** und

b) bei der **Bekämpfung organisierter** und **militärisch bewaffneter Aufständischer.**

Der Einsatz von Streitkräften ist einzustellen, wenn der Bundestag oder der Bundesrat es verlangen (Art. 87 a Abs. 4).

Weiter begründet das Grundgesetz die **Zuständigkeit der Bundesregierung** in folgenden Fällen:

a) Die Bundesregierung erteilt die **Zustimmung zu Verträgen** der **Länder** mit **auswärtigen Staaten** (Art. 32 Abs. 3);

b) Die Bundesregierung kann **beantragen,** daß der **Bundestag** bei seinen Verhandlungen die **Öffentlichkeit ausschließt** (Art. 42 Abs. 1);

c) Die Mitglieder der Bundesregierung haben das Recht des **Zutritts** zu den **Sitzungen des Bundestages** und seiner Ausschüsse und müssen dort jederzeit gehört werden (Art. 43);

d) Der **Bundeskanzler** kann die **Einberufung des Bundestages** (Art. 39 Abs. 3), die **Bundesregierung** die Einberufung des **Bundesrates verlangen** (Art. 52 Abs. 2);

e) Die Mitglieder der Bundesregierung haben das **Recht** und auf Verlangen die Pflicht, an den **Verhandlungen des Bundesrates** und seiner Ausschüsse **teilzunehmen;** sie müssen jederzeit gehört werden (Art. 53);

f) Die Bundesregierung kann die **Einberufung** des für die gemeinsame Beratung von Vorlagen gebildeten **Bundestags-Bundesrats-Ausschusses** (Vermittlungsausschuß) **verlangen**, wenn zu einem Gesetz die Zustimmung des Bundesrates erforderlich ist (Art. 77 Abs. 2);

g) Die Bundesregierung kann **allgemeine Verwaltungsvorschriften** nach den Bestimmungen der Art. 84 (landeseigene Verwaltung), 85 (Auftragsverwaltung) und 86 (bundeseigene Verwaltung) **erlassen;**

h) Die Bundesregierung übt gegenüber den Ländern die **Bundesaufsicht** aus (Art. 84 Abs. 3) und kann im Falle der Mängelrüge beim Bundesrat Feststellung beantragen, ob das Land das Recht verletzt hat (Art. 84 Abs. 4);

i) Der Bundesregierung kann durch Bundesgesetz, für das die Zustimmung des Bundesrates erforderlich ist, zur Ausführung von Bundesgesetzen die Befugnis erteilt werden, für besondere Fälle im Bereich der landeseigenen Verwaltung **Einzelanweisungen** zu erteilen (Art. 84 Abs. 5);

j) Die Bundesregierung kann im Bereich der Bundesauftragsverwaltung die **einheitliche Ausbildung der Beamten** und **Angestellten** regeln; die Leiter der Mittelbehörden sind mit ihrem Einverständnis zu bestellen (Art. 85 Abs. 2);

k) Die Bundesregierung kann bei Meinungsverschiedenheiten oder Zweifeln über die förmliche und sachliche Vereinbarkeit von Bundesrecht oder Landesrecht mit dem Grundgesetz oder die Vereinbarkeit von Landesrecht mit sonstigem Bundesrecht beim **Bundesverfassungsgericht Antrag auf Entscheidung** stellen (Art. 93 Abs. 1 Ziff. 2);

l) Die Leiter der Mittelbehörden der Landesfinanzverwaltung werden im Einvernehmen mit der Bundesregierung bestellt (Art. 108 Abs. 2);

m) Die Bundesregierung ist im Falle, daß bis zum Schluß eines Rechnungsjahres der **Haushaltsplan** für das folgende Jahr **nicht** festgestellt ist, bis zu seinem Inkrafttreten ermächtigt, **Ausgaben** nach den Bestimmungen des Art. 111 Abs. 1 **zu leisten;**

n) Gesetze, welche die von der Bundesregierung vorgeschlagenen Ausgaben des Haushaltsplanes erhöhen, neue Ausgaben in sich schließen oder für die Zukunft mit sich bringen, bedürfen der **Zustimmung** der Bundesregierung (Art. 113);

o) Die Bundesregierung stellt den **Antrag** auf **Feststellung** des **Verteidigungsfalles** (Art. 115 a Abs. 1);

p) Die Bundesregierung hat den **Gemeinsamen Ausschuß** über ihre **Planungen** für den **Verteidigungsfall** zu unterrichten (Art. 53 a Abs. 2);

q) Die Bundesregierung hat gem. Art. 115 f **im Verteidigungsfall außerordentliche Befugnisse** (sie kann z. B. den Bundesgrenzschutz im gesamten Bundesgebiet einsetzen).

§ 9. Die Bundesgesetzgebung

I. Zuständigkeit

Soweit das Grundgesetz **nicht** dem **Bund Gesetzgebungsbefugnisse** gibt, haben die **Länder** das **Recht der Gesetzgebung.** Die **Abgrenzung der Zuständigkeit** zwischen dem Bund und den Ländern erfolgt nach den Bestimmungen des Grundgesetzes über die **ausschließliche** und die **konkurrierende Gesetzgebung** (Art. 70).

Die **Vermutung der Gesetzgebungszuständigkeit** spricht also wie bei der Weimarer Verfassung für die **Länder,** wenn im Grundgesetz eine Kompetenz des Bundes nicht bestimmt ist (s. auch Art. 30).

1. Ausschließliche Gesetzgebung

Auf dem Gebiet der **ausschließlichen** Gesetzgebung des Bundes haben die **Länder** die Befugnis zur Gesetzgebung **nur,** wenn und soweit sie hierzu in einem **Bundesgesetz ausdrücklich ermächtigt** werden (Art. 71).

Das Recht aus der Zeit vor dem Zusammentritt des Bundestages gilt fort, soweit es dem Grundgesetz nicht widerspricht (Art. 123). Das Gegenstände der ausschließlichen Gesetzgebung des Bundes betreffende Recht wird innerhalb seines Geltungsbereiches Bundesrecht (Art. 124).

Der Bund hat die **ausschließliche** Gesetzgebung **über**

a) die auswärtigen Angelegenheiten sowie die Verteidigung einschließlich des Schutzes der Zivilbevölkerung;

b) die Staatsangehörigkeit im Bunde;

c) die Freizügigkeit, das Paßwesen, die Ein- und Auswanderung und die Auslieferung;

d) das Währungs-, Geld- und Münzwesen, Maße und Gewichte sowie die Zeitbestimmung;

e) die Einheit des Zoll- und Handelsgebietes, die Handels- und Schiffahrtsverträge, die Freizügigkeit des Warenverkehrs und den Waren- und Zahlungsverkehr mit dem Ausland einschließlich des Zoll- und Grenzschutzes;

f) die Bundeseisenbahnen und den Luftverkehr;

g) das Post- und Fernmeldewesen;

h) die Rechtsverhältnisse der im Dienst des Bundes und der bundesunmittelbaren Körperschaften des öffentlichen Rechts stehenden Personen;

i) den gewerblichen Rechtsschutz, das Urheberrecht und das Verlagsrecht;
j) die Zusammenarbeit des Bundes und der Länder in der Kriminalpolizei und in Angelegenheiten des Verfassungsschutzes, die Einrichtung eines Bundeskriminalpolizeiamtes sowie die internationale Verbrechensbekämpfung;
k) die Statistik für Bundeszwecke (Art. 73);
l) den Friedensschluß (Art. 59 a Abs. 4);
m) die Zölle und Finanzmonopole (Art. 105 Abs. 1).

2. Konkurrierende Gesetzgebung

Im Bereich der **konkurrierenden** Gesetzgebung haben die **Länder** die Befugnis zur Gesetzgebung, solange und soweit der **Bund** von seinem **Gesetzgebungsrecht keinen Gebrauch** macht. Der **Bund** hat in diesem Bereich das **Gesetzgebungsrecht,** soweit ein **Bedürfnis nach bundesgesetzlicher Regelung** besteht, **weil**

a) eine Angelegenheit durch die Gesetzgebung einzelner Länder nicht wirksam geregelt werden kann oder
b) die Regelung einer Angelegenheit durch ein Landesgesetz die Interessen anderer Länder oder der Gesamtheit beeinträchtigen könnte oder
c) die Wahrung der Rechts- und Wirtschaftseinheit, insbesondere die Wahrung der Einheitlichkeit der Lebensverhältnisse über das Gebiet eines Landes hinaus sie erfordert (Art. 72).

Die **konkurrierende Gesetzgebung** erstreckt sich auf folgende Gebiete:

1. das bürgerliche Recht, das Strafrecht und den Strafvollzug, die Gerichtsverfassung, das gerichtliche Verfahren, die Rechtsanwaltschaft, das Notariat und die Rechtsberatung;
2. das Personenstandswesen;
3. das Vereins- und Versammlungsrecht;
4. das Aufenthalts- und Niederlassungsrecht der Ausländer;
5. den Schutz deutschen Kulturgutes gegen Abwanderung in das Ausland;
6. die Angelegenheiten der Flüchtlinge und Vertriebenen;
7. die öffentliche Fürsorge;
8. die Staatsangehörigkeit in den Ländern;
9. die Kriegsschäden und die Wiedergutmachung;
10. die Versorgung der Kriegsbeschädigten und der Kriegshinterbliebenen und die Fürsorge für die ehemaligen Kriegsgefangenen;
11. die Kriegsgräber und Gräber anderer Opfer des Krieges und Opfer von Gewaltherrschaft;

12. das Recht der Wirtschaft (Bergbau, Industrie, Energiewirtschaft, Handwerk, Gewerbe, Handel, Bank- und Börsenwesen, privatrechtliches Versicherungswesen);
13. die Erzeugung und Nutzung der Kernenergie zu friedlichen Zwecken, die Errichtung und den Betrieb von Anlagen, die diesen Zwecken dienen, den Schutz gegen Gefahren, die bei Freiwerden von Kernenergie oder durch die ionisierenden Strahlen entstehen und die Beseitigung radioaktiver Stoffe;
14. das Arbeitsrecht einschließlich der Betriebsverfassung, des Arbeitsschutzes und der Arbeitsvermittlung sowie die Sozialversicherung einschließlich der Arbeitslosenversicherung;
15. die Regelung der Ausbildungsbeihilfen und die Förderung der wissenschaftlichen Forschung;
16. das Recht der Enteignung, soweit sie auf den Sachgebieten der Art. 73 und 74 in Betracht kommt;
17. die Überführung von Grund und Boden, von Naturschätzen und Produktionsmitteln in Gemeineigentum oder in andere Formen der Gemeinwirtschaft;
18. die Verhütung des Mißbrauchs wirtschaftlicher Machtstellung;
19. die Förderung der land- und forstwirtschaftlichen Erzeugung, die Sicherung der Ernährung, die Ein- und Ausfuhr land- und forstwirtschaftlicher Erzeugnisse, die Hochsee- und Küstenfischerei und den Küstenschutz;
20. den Grundstücksverkehr, das Bodenrecht und das landwirtschaftliche Pachtwesen, das Wohnungswesen, das Siedlungs- und Heimstättenwesen;
21. die Maßnahmen gegen gemeingefährliche und übertragbare Krankheiten bei Menschen und Tieren, die Zulassung zu ärztlichen und anderen Heilberufen und zum Heilgewerbe, den Verkehr mit Arzneien, Heil- und Betäubungsmitteln und Giften;
22. die wirtschaftliche Sicherung der Krankenhäuser und die Regelung der Krankenhauspflegesätze;
23. den Schutz beim Verkehr mit Lebens- und Genußmitteln, Bedarfsgegenständen, Futtermitteln und land- und forstwirtschaftlichem Saat- und Pflanzgut, den Schutz der Pflanzen gegen Krankheiten und Schädlinge sowie den Tierschutz;
24. die Hochsee- und Küstenschiffahrt sowie die Seezeichen, die Binnenschiffahrt, den Wetterdienst, die Seewasserstraßen und die dem allgemeinen Verkehr dienenden Binnenwasserstraßen;
25. den Straßenverkehr, das Kraftfahrwesen, den Bau und die Unterhaltung von Landstraßen für den Fernverkehr sowie die Erhebung und Verteilung von Gebühren für die Benutzung öffentlicher Straßen mit Fahrzeugen;

26. die Schienenbahnen, die nicht Bundeseisenbahnen sind, mit Ausnahme der Bergbahnen;
27. die Abfallbeseitigung, die Luftreinhaltung und die Lärmbekämpfung (Art. 74);
28. die Besoldung und Versorgung der Angehörigen des öffentlichen Dienstes, die in einem öffentlich-rechtlichen Dienst- und Treueverhältnis stehen, soweit nicht dem Bund die ausschließliche Gesetzgebung zusteht (Art. 74 a).

Über die konkurrierende Gesetzgebung des Bundes auf dem Gebiete des **Finanzwesens** siehe § 12: Das Finanzwesen.

3. Rahmengesetzgebung

Unter den Voraussetzungen des Art. 72 (konkurrierende Gesetzgebung) besitzt der **Bund** das **Recht,** für die Länder **Rahmenvorschriften** zu erlassen über

a) die Rechtsverhältnisse der im öffentlichen Dienst der Länder, Gemeinden und anderen Körperschaften des öffentlichen Rechtes stehenden Personen, soweit Art. 74 a nichts anderes bestimmt;
b) die Rechtsstellung der Richter in den Ländern;
c) die allgemeinen Rechtsverhältnisse der Presse und des Films;
d) das Jagdwesen, den Naturschutz und die Landschaftspflege;
e) die Bodenverteilung, die Raumordnung und den Wasserhaushalt;
f) das Melde- und Ausweiswesen
(zu b) Art. 98 Abs. 3, sonst Art. 75).

Die Rahmenvorschriften sind von den **Ländern** durch **eigene Gesetze auszufüllen.**

4. Sonstige Zuständigkeiten zur Bundesgesetzgebung

An vielen Stellen des Grundgesetzes verstreut finden sich **sonstige Zuständigkeiten** zur **Bundesgesetzgebung,** so z. B. hinsichtlich

der Kriegsdienstverweigerung (Art. 4 Abs. 3);
der Verpflichtung zu einem Ersatzdienst im Falle der Kriegsdienstverweigerung (Art. 12a Abs. 2);
der Parteien (Art. 21 Abs. 3);
der Übertragung von Hoheitsrechten auf zwischenstaatliche Einrichtungen (Art. 24 Abs. 1);
der Waffenherstellung und -beförderung (Art. 26 Abs. 2);
der Neugliederung des Bundesgebietes (Art. 29);
der Bundestagswahl (Art. 38 Abs. 3);
der Wahlprüfung (Art. 41 Abs. 3);
der Entschädigung und Freifahrtberechtigung der Abgeordneten (Art. 48 Abs. 3);
der Wahl des Bundespräsidenten (Art. 54 Abs. 7);

der Behördeneinrichtung bei der Bundesauftragsverwaltung (Art. 85 Abs. 1);
der bundeseigenen Verwaltung (Art. 87);
des Bundesverfassungsgerichtes (Art. 93 Abs. 2 und Art. 94 Abs. 2);
der Bildung eines Gemeinsamen Senats der obersten Gerichtshöfe (Art. 95 Abs. 3);
der Rechtsstellung der Bundesrichter (Art. 98 Abs. 1);
des Aufbaues der Bundesfinanzbehörden (Art. 108 Abs. 1);
der Feststellung des Bundeshaushaltsplanes (Art. 110 Abs. 2);
der Rechnungsprüfung (Art. 114 Abs. 2);
der Angelegenheiten der Flüchtlinge und Vertriebenen (Art. 119);
der Entscheidung über den Friedensschluß (Art. 115 l Abs. 3).

5. Erweiterung der Gesetzgebungszuständigkeit des Bundes im Verteidigungsfall

Von besonderer Bedeutung sind die Bestimmungen des Art. 115 c, die eine Erweiterung der Gesetzgebungskompetenz des Bundes im Verteidigungsfall zum Gegenstand haben (Näheres siehe § 13, Abschnitt III).

II. Weg der Gesetzgebung

1. Gesetzesinitiative

Das **Recht** zur **Einbringung von Gesetzesvorlagen** haben gem. Art. 76:

a) **die Bundesregierung**

Die Regierungsvorlagen müssen zunächst dem **Bundesrat** zugeleitet werden, der **das Recht hat**, innerhalb von **sechs Wochen** zu diesen Vorlagen **Stellung zu nehmen.**

Die Bundesregierung kann eine Gesetzesvorlage, die sie bei der Zuleitung an den Bundesrat ausnahmsweise als **besonders eilbedürftig** bezeichnet hat, schon nach **drei** Wochen dem Bundestag zuleiten, auch wenn die Stellungnahme des Bundesrates noch nicht bei ihr eingegangen ist. Die Bundesregierung muß dann die Stellungnahme des Bundesrates unverzüglich nach Eingang dem Bundestag nachreichen.

b) **die Bundestagsmitglieder**

c) **der Bundesrat**

Die Gesetzesvorlagen des Bundesrates sind dem **Bundestag** durch die **Bundesregierung** innerhalb von **drei Monaten** zuzuleiten. Die Bundesregierung hat hierbei ihre Auffassung darzulegen.

2. Beschlußfassung und Mitwirkung des Bundesrates

Hauptorgan der **Gesetzgebung** ist der vom Volk gewählte **Bundestag,** der die Bundesgesetze **beschließt.** Nach ihrer Annahme müssen die Bundesgesetze durch den Präsidenten des Bundestages unverzüglich an den **Bundesrat** geleitet werden. Wenn der Gesetzesbeschluß die **Billigung** des Bundesrates findet, geht das Gesetz seinen **weiteren Weg** zur **Ausfertigung** und **Verkündung.** Nicht so einfach ist das Verfahren, wenn der Bundesrat **nicht** mit der Vorlage einverstanden ist. In diesem Fall kann er binnen **drei Wochen** nach Eingang des Gesetzesbeschlusses **verlangen,** daß ein besonderer **Ausschuß,** der sich aus Mitgliedern des Bundestages und des Bundesrates zusammensetzt, zur **gemeinsamen Beratung** über die Vorlage zusammentritt.

Zusammensetzung und **Verfahren** dieses **Vermittlungsausschusses** regelt eine **Geschäftsordnung.** Die Geschäftsordnung wird vom **Bundestag beschlossen** und bedarf der **Zustimmung** des **Bundesrates.** Die in den Ausschuß entsandten Mitglieder des Bundesrates sind **nicht** an Weisungen gebunden.

Schlägt der Ausschuß eine **Änderung** des Gesetzbeschlusses vor, so muß der Bundestag **erneut Beschluß** fassen (Art. 77 Abs. 2).

Wenn zu einem Gesetz die **Zustimmung** des Bundesrates **nicht** erforderlich ist, kann der **Bundesrat** nach Abschluß des Verfahrens nach Art. 77 Abs. 2 gegen ein vom Bundestag beschlossenes Gesetz, um seinem Standpunkt Geltung zu verschaffen, binnen zwei Wochen **Einspruch einlegen** (Art. 77 Abs. 3).

Wird der Einspruch mit der Mehrheit der Mitglieder des Bundesrates beschlossen, so kann er durch Beschluß der Mehrheit der Mitglieder des Bundestages **zurückgewiesen** werden. Für den Beschluß auf Zurückweisung des Einspruches genügt also nicht schon die Mehrheit der gerade anwesenden Bundestagsabgeordneten, sondern die **Mehrheit der gesetzlichen Mitgliederzahl des Bundestages** muß den Beschluß fassen. Wenn der Bundesrat das Veto mit einer Mehrheit von mindestens **zwei Dritteln** seiner Stimmen beschlossen hat, so bedarf die Zurückweisung des Einspruchs durch den Bundestag einer Mehrheit von **zwei Dritteln** der anwesenden Bundestagsmitglieder, die **gleichzeitig mindestens** die **Mehrheit der gesetzlichen Mitgliederzahl des Bundestages** darstellen müssen (Art. 77 Abs. 4).

Wenn zu einem Gesetz die **Zustimmung des Bundesrates** erforderlich ist, können außer dem Bundesrat **auch** der **Bundestag** und die **Bundesregierung** die **Einberufung des Vermittlungsausschusses** gem. Art. 77 Abs. 2 **verlangen.** Hierdurch wird erreicht, daß die Gesetzesvorlage in jedem Fall eingehend beraten wird. Bei zustimmungspflichtigen Gesetzen hängt das Zustandekommen davon ab, ob der Bundesrat seine Zustimmung erteilt oder nicht. Stimmt er einem solchen Gesetz **nicht** zu, so kommt das Gesetz **nicht** zustande.

U. a. bedürfen folgende Bundesgesetze der Zustimmung des Bundesrates:

a) Über Änderungen des Gebietsbestandes der Länder (Art. 29 Abs. 7);

b) über Änderungen des Grundgesetzes (Art. 79 Abs. 2);

c) über die Errichtung neuer bundeseigener Mittel- und Unterbehörden (Art. 87 Abs. 3);

d) über Steuern, deren Aufkommen den Ländern oder den Gemeinden (Gemeindeverbänden) ganz oder zum Teil zufließt (Art. 105 Abs. 3);

e) über die Festsetzung der Anteile von Bund und Ländern an der Umsatzsteuer (Art. 106 Abs. 3);

Weg der Gesetzgebung bei Gesetzen, die der Zustimmung des Bundesrates bedürfen

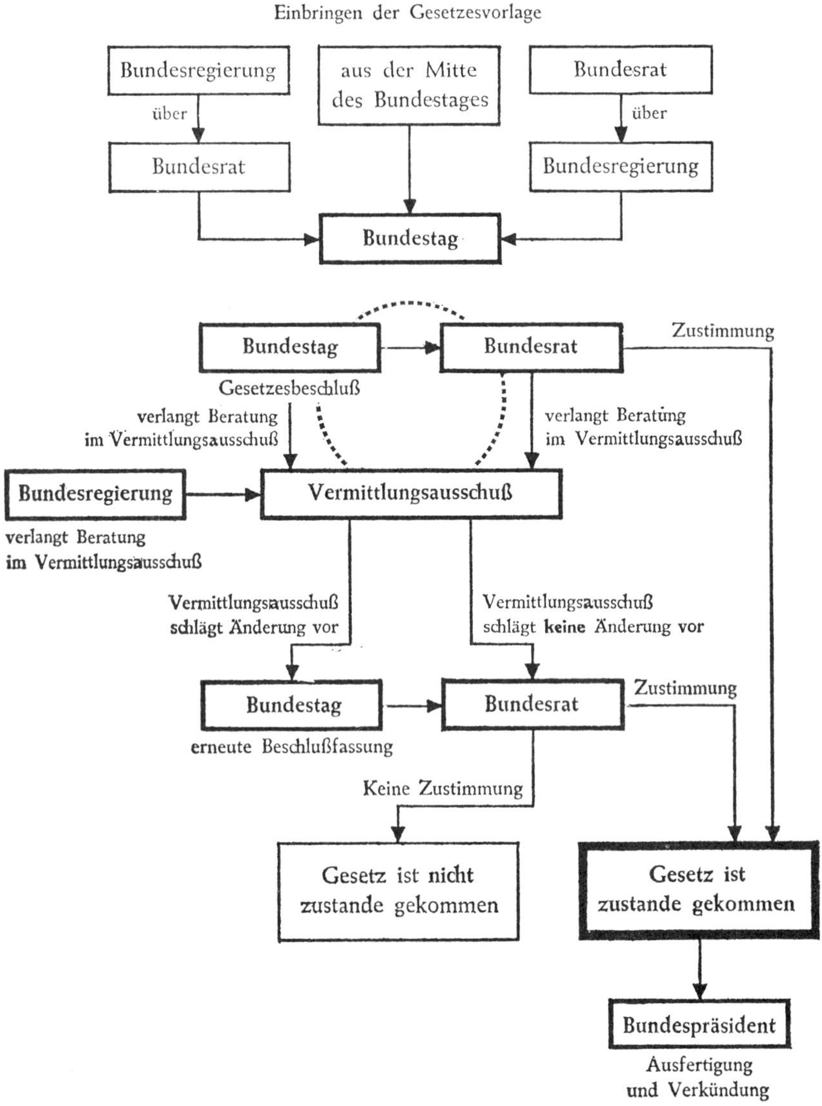

Weg der Gesetzgebung bei Gesetzen, die der Zustimmung des Bundesrates nicht bedürfen

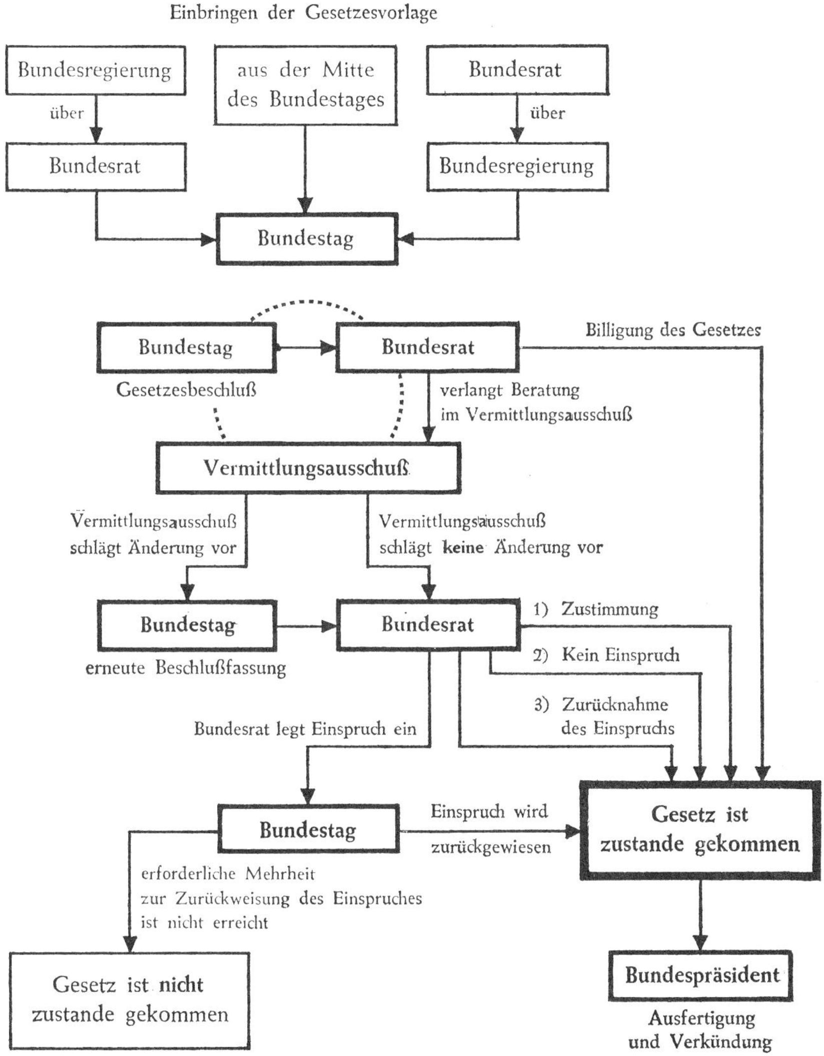

f) über die Festsetzung des Anteils der Gemeinden am Aufkommen der Einkommensteuer (Art. 106 Abs. 5);

g) über die Beteiligung von Bund und Ländern am Aufkommen der Gewerbesteuer (Art. 106 Abs. 6);

h) über die Abgrenzung und Art und Umfang der Zerlegung des örtlichen Aufkommens der Körperschaftsteuer und der Lohnsteuer (Art. 107 Abs. 1);

i) über den Finanzausgleich unter den Ländern und über Ergänzungszuweisungen des Bundes an leistungsschwache Länder (Art. 107 Abs 2);

j) über den Aufbau der Landesfinanzbehörden und die einheitliche Ausbildung ihrer Beamten (Art. 108 Abs. 2);

k) über das Zusammenwirken von Bundes- und Landesfinanzbehörden bei der Verwaltung von Steuern (Art. 108 Abs. 4);

l) über die Aufstellung von Grundsätzen für das Haushaltsrecht, für eine konjunkturgerechte Haushaltswirtschaft und für eine mehrjährige Finanzplanung (Art. 109).

3. Zustandekommen der Gesetze

Ein vom Bundestag beschlossenes **Gesetz kommt zustande,** wenn der Bundesrat

a) **zustimmt**,

b) den **Antrag** auf **Einberufung** des Vermittlungsausschusses **nicht stellt**,

c) innerhalb der gesetzten Frist **keinen Einspruch** einlegt,

d) den Einspruch **zurücknimmt** oder

e) der Einspruch vom Bundestag **überstimmt** wird (Art. 78).

4. Änderung des Grundgesetzes

Eine Änderung des Grundgesetzes ist **nur** durch ein **Gesetz** möglich, das den **Wortlaut** des Grundgesetzes **ausdrücklich ändert** oder **ergänzt.**

Bei völkerrechtlichen Verträgen, die eine Friedensregelung, die Vorbereitung einer Friedensregelung oder den Abbau einer besatzungsrechtlichen Ordnung zum Gegenstand haben oder der Verteidigung der Bundesrepublik zu dienen bestimmt sind, genügt zur Klarstellung, daß die Bestimmungen des Grundgesetzes dem Abschluß und dem Inkrafttreten der Verträge nicht entgegenstehen, eine Ergänzung des Wortlautes des Grundgesetzes, die sich auf diese Klarstellung beschränkt (siehe Gesetz vom 26. 3. 1954).

Ein **grundgesetzänderndes Gesetz** bedarf der **Zustimmung** von **zwei Dritteln** der **Mitglieder des Bundestages** und **zwei Dritteln** der **Stimmen** des **Bundesrates.** Eine Änderung des Grundgesetzes, durch welche die Gliederung des Bundes in Länder, die grundsätzliche Mitwirkung der Länder bei der Gesetzgebung oder die in den Art. 1 und 20 niedergelegten Grundsätze berührt werden, ist **unzulässig** (Art. 79).

5. Rechtsverordnungen

Der **Erlaß** von **Rechtsverordnungen** ist **nur möglich**, wenn ein **formelles Gesetz** hierzu die **Ermächtigung** erteilt.

Die Ermächtigung kann der **Bundesregierung**, einem einzelnen **Bundesminister** oder den **Landesregierungen** gegeben werden. Sie muß ihrem Umfang nach bestimmt sein, d. h. das ermächtigende Gesetz muß **Inhalt, Zweck** und **Ausmaß** der erteilten Ermächtigung bestimmen. In der Verordnung muß die Rechtsgrundlage angegeben werden. Wenn durch Gesetz vorgesehen ist, daß eine Ermächtigung weiter **übertragen** werden kann, so bedarf es zur **Übertragung der Ermächtigung** einer **Rechtsverordnung** (Art. 80 Abs. 1).

Der **Zustimmung des Bundesrates bedürfen,** vorbehaltlich anderweitiger Regelung durch Bundesgesetz, Rechtsverordnungen der Bundesregierung oder eines Bundesministers

a) über Grundsätze und Gebühren für die Benutzung der Einrichtungen der Bundeseisenbahnen und des Post- und Fernmeldewesens,

b) über den Bau und Betrieb der Eisenbahnen,

c) auf Grund von Bundesgesetzen, für die die Zustimmung des Bundesrates erforderlich ist oder die von den Ländern im Auftrag des Bundes oder als eigene Angelegenheit ausgeführt werden (Art. 80 Abs. 2).

6. Gesetzgebungsnotstand

Nach den Bestimmungen des Grundgesetzes vermag eine **negative Oppositionspartei** im Bundestag **keinen** Sturz der Regierung herbeizuführen (s. § 8: „Die Bundesregierung"); sie hat jedoch die Möglichkeit, sämtliche Gesetzesvorlagen der Bundesregierung abzulehnen. Hierdurch könnte die Arbeit der Regierung sehr beeinträchtigt, wenn nicht unmöglich gemacht werden. Um dies in Konfliktsfällen zwischen der Bundesregierung und dem Bundestag zu verhindern, wurde der sog. **„Gesetzgebungsnotstand"** in das Grundgesetz aufgenommen. Es **müssen** auch dann **Gesetze erlassen** werden können, wenn das **Parlament versagt**.

Voraussetzung des Gesetzgebungsnotstandes ist zunächst die **Ablehnung** der vom Bundeskanzler gestellten **Vertrauensfrage** gem. Art. 68, **ohne** daß der Bundespräsident auf Vorschlag des Bundeskanzlers den **Bundestag auflöste.** In diesem Falle kann der **Bundespräsident** auf **Antrag der Bundesregierung** mit **Zustimmung des Bundesrates** für eine Gesetzesvorlage den Gesetzgebungsnotstand erklären, wenn der **Bundestag** sie **ablehnt**, obwohl die **Bundesregierung** die Vorlage als **dringlich** bezeichnet hat. Das Gleiche gilt, wenn eine Gesetzesvorlage abgelehnt worden ist, obwohl der Bundeskanzler **mit ihr** die **Vertrauensfrage verbunden** hatte.

Der Bundestag kann jetzt erneut über die Regierungsvorlage Beschluß fassen. Lehnt er die Gesetzesvorlage **nach Erklärung des Gesetzgebungsnotstandes wiederum ab** oder nimmt er sie in einer für die Bun-

Verfahren beim Gesetzgebungsnotstand

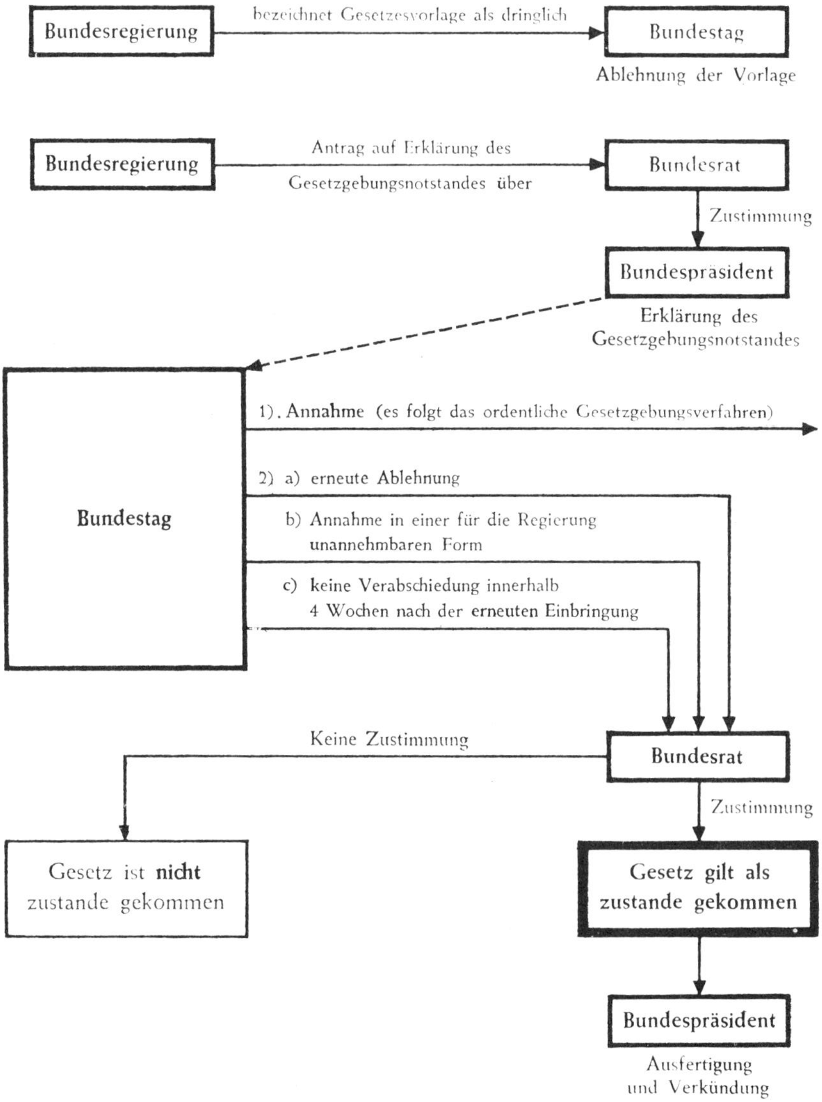

desregierung als unannehmbar bezeichneten Fassung an, so gilt das Gesetz als **zustande gekommen, soweit der Bundesrat ihm zustimmt.** Das Gleiche gilt, wenn die Vorlage nicht innerhalb von vier Wochen nach der erneuten Einbringung vom Bundestag verabschiedet wird.

Während der Amtszeit eines Bundeskanzlers kann auch jede andere vom Bundestag abgelehnte Gesetzesvorlage innerhalb einer **Frist von sechs Monaten** nach der **ersten** Erklärung des Gesetzgebungsnotstandes nach vorstehenden Bestimmungen verabschiedet werden. Als Vorsichtsmaßregel ist dabei bestimmt, daß **nach Ablauf der Frist** während der Amtszeit des gleichen Bundeskanzlers eine weitere Erklärung des Gesetzgebungsnotstandes **unzulässig** ist.

Das **Grundgesetz** darf im Wege des Gesetzgebungsnotstandes **weder geändert**, noch ganz oder teilweise **außer Kraft** oder **außer Anwendung** gesetzt werden (Art. 81).

7. Ausfertigung und Verkündung der Bundesgesetze und Rechtsverordnungen

Die grundgesetzmäßig zustandegekommenen **Gesetze** werden vom **Bundespräsidenten** nach Gegenzeichnung **ausgefertigt** und im Bundesgesetzblatt **verkündet.**

Die **Gegenzeichnung** erfolgt durch den **Bundeskanzler** oder den zuständigen **Bundesminister** (vgl. Art. 58).

Rechtsverordnungen werden von der **Stelle, die sie erläßt,** ausgefertigt und im Bundesgesetzblatt bzw. Bundesanzeiger verkündet (Art. 82 Abs. 1 — s. Gesetz über die Verkündung von Rechts-VO vom 30. 1. 1950).

8. Inkrafttreten der Bundesgesetze und Rechtsverordnungen

Die Gesetze und Rechtsverordnungen **sollen** den **Tag** ihres **Inkrafttretens bestimmen**. Ist eine solche Bestimmung nicht gegeben, so treten sie mit dem **vierzehnten Tag** nach Ablauf des Tages in Kraft, an dem das Bundesgesetzblatt ausgegeben worden ist. (Art. 82 Abs. 2).

9. Gesetzgebungsverfahren bei dringlichen Gesetzesvorlagen im Verteidigungsfall

Für die Gesetzgebung des Bundes gilt im Verteidigungsfall eine von den allgemeinen Vorschriften über das Gesetzgebungsverfahren abweichende Regelung; für dringliche Gesetzesvorlagen bestimmt Art. 115 d ein **abgekürztes Verfahren** (Näheres siehe § 13 Abschnitt IV).

§ 10. Die Ausführung der Bundesgesetze und die Bundesverwaltung

I. Allgemeines

Für das ganze Gebiet der **Verwaltung** ist der Grundsatz des Art. 1 Abs. 1 wesentlich, daß die Würde des Menschen unantastbar ist und alle staatliche Gewalt sie zu achten und zu schützen hat. Die **Grundrechte binden die Verwaltung** in Bund und Ländern **als unmittelbar geltendes Recht** (Art. 1 Abs. 3). In Art. 20 Abs. 3 wird der **Grundsatz** der **Gesetzmäßigkeit der Verwaltung** aufgestellt, nach dem die vollziehende Gewalt an Gesetz und Recht gebunden ist.

Alle Behörden des Bundes und der Länder haben die Pflicht, sich gegenseitig Rechts- und Amtshilfe zu leisten.

Zur Hilfe bei einer **Naturkatastrophe** oder bei einem **besonders schweren Unglücksfall** kann ein Land **Polizeikräfte** anderer Länder, Kräfte und Einrichtungen anderer Verwaltungen sowie des **Bundesgrenzschutzes** und der **Streitkräfte** anfordern (Art. 35 Abs. 1 und 2).

Bei der Verwaltung des Bundes wirken die Länder durch den Bundesrat mit (Art. 50).

II. Arten der Verwaltung

Es ist zwischen

1. **landeseigener Verwaltung**,
2. **Bundesauftragsverwaltung**,
3. **bundeseigener Verwaltung**

zu unterscheiden.

1. Landeseigene Verwaltung

Die Ausführung der **Landesgesetze** ist ausschließlich **Angelegenheit** der **Länder**, welche die hierfür erforderlichen Einrichtungen selbständig schaffen. Auch die **Bundesgesetze** werden durch die **Länder** als **eigene Angelegenheit** ausgeführt, soweit das Grundgesetz **nichts anderes bestimmt** oder **zuläßt** (Art. 83). Die **landeseigene Verwaltung** soll also die **Regel** darstellen. In diesem Fall liegt die Regelung der Behördeneinrichtung und des Verwaltungsverfahrens bei den Ländern. Allerdings macht das Grundgesetz die **Einschränkung**, daß Bundesgesetze, die der Zustimmung des Bundesrates bedürfen, eine andere Bestimmung treffen können.

Art. 30 sagt bereits allgemein, daß die Ausübung der staatlichen Befugnisse und die Erfüllung der staatlichen Aufgaben Sache der Länder ist, soweit durch das Grundgesetz keine andere Regelung getroffen oder zugelassen ist.

Der **Bundesregierung** ist die **Befugnis** verliehen, zur Sicherung einer gleichmäßigen Rechtsanwendung **allgemeine Verwaltungsvorschriften** zu erlassen; hierzu ist die **Zustimmung des Bundesrates** erforderlich (Art. 84 Abs. 1 und 2).

2. Bundesauftragsverwaltung

Der Ausführung der Bundesgesetze durch die Länder als **eigene** Angelegenheit steht die **Bundesauftragsverwaltung** gegenüber. Wenn die Länder die Bundesgesetze im Auftrag des Bundes ausführen, so ist die

Behördeneinrichtung Länderangelegenheit vorbehaltlich abweichender Bestimmungen durch mit Zustimmung des Bundesrates erlassene Bundesgesetze. Wie bei der landeseigenen Verwaltung kann die Bundesregierung mit Zustimmung des Bundesrates allgemeine Verwaltungsvorschriften erlassen. Dem **besonderen Charakter** der **Auftragsverwaltung** ist Ausdruck durch die Vorschrift gegeben, daß die **Bundesregierung** auch das **Recht** besitzt, die **einheitliche Ausbildung der Beamten** und Angestellten zu regeln. Die Leiter der Mittelbehörden sind mit ihrem Einverständnis zu bestellen (Art. 85 Abs. 1 und 2).

Bundesgesetze, die der **Verteidigung** einschließlich des Wehrersatzwesens und des Schutzes der Zivilbevölkerung dienen, **können** — mit Zustimmung des Bundesrates — **bestimmen**, daß sie von den **Ländern** im **Auftrage des Bundes ausgeführt werden** (Art. 87b Abs. 2).

Das gleiche gilt für Gesetze auf dem Gebiet der Kernenergie (Art. 87c).

Ein weiteres wichtiges Gebiet der Bundesauftragsverwaltung hat seine Regelung im Grundgesetz gefunden: das der **Straßenverwaltung.** Art. 90 bestimmt, daß der Bund Eigentümer der bisherigen Reichsautobahnen und Reichsstraßen ist. Die Verwaltung der Bundesautobahnen und der übrigen Bundesstraßen des Fernverkehrs erfolgt durch die Länder oder die nach Landesrecht zuständigen Selbstverwaltungskörperschaften im Auftrag des Bundes. Auf Antrag eines Landes kann der Bund die Bundesstraßen des Fernverkehrs, soweit sie im Gebiet dieses Landes liegen, in bundeseigene Verwaltung übernehmen.

Wenn die **Landesfinanzbehörden** Steuern verwalten, die ganz oder zum Teil dem **Bund** zufließen, werden sie im **Auftrage des Bundes** tätig. (Art. 108 Abs. 3).

3. Bundeseigene Verwaltung

In **bundeseigener Verwaltung** mit eigenem Verwaltungsunterbau werden geführt: der **Auswärtige Dienst**, die **Bundesfinanzverwaltung**, die **Bundeseisenbahnen**, die **Bundespost**, nach Maßgabe des Art. 89 die Verwaltung der **Bundeswasserstraßen** und der **Schiffahrt** (Art. 87 Abs. 1 Satz 1), die **Bundeswehrverwaltung** (Art. 87b Abs. 1 Satz 1) und die **Luftverkehrsverwaltung** (Art. 87d).

Eigentümer der bisherigen Reichswasserstraßen ist der Bund. Neben der Verwaltung der Bundeswasserstraßen durch eigene Behörden nimmt er die über den Bereich eines Landes hinausgehenden staatlichen Aufgaben der Binnenschiffahrt und die Aufgaben der Seeschiffahrt wahr, die ihm durch Gesetz übertragen werden.

Der Bund kann die Verwaltung von Bundeswasserstraßen, soweit sie im Gebiet eines Landes liegen, diesem Land auf Antrag als **Auftragsverwaltung** übertragen. Berührt eine Wasserstraße das Gebiet mehrerer Länder, so kann der Bund das Land mit der Verwaltung beauftragen, für das die beteiligten Länder es beantragen (Art. 89).

Die **Bundeswehrverwaltung** dient den **Aufgaben** des **Personalwesens** und der unmittelbaren **Deckung** des **Sachbedarfs** der **Streitkräfte.** Aufgaben der Beschädigtenversorgung und des Bauwesens können der Bundeswehrverwaltung nur durch Bundesgesetz — das der Zustimmung des Bundesrates bedarf —

übertragen werden. Der **Zustimmung** des **Bundesrates** bedürfen weiter **Gesetze,** soweit sie die **Bundeswehrverwaltung zu Eingriffen in Rechte Dritter ermächtigen** (das gilt allerdings nicht für Gesetze auf dem Gebiet des Personalwesens — Art. 87 b Abs. 1).

Bundesgesetze, die der **Verteidigung** einschließlich des Wehrersatzwesens und des Schutzes der Zivilbevölkerung dienen, können mit Zustimmung des Bundesrates bestimmen, daß sie ganz oder teilweise in **bundeseigener Verwaltung** mit eigenem Verwaltungsunterbau ausgeführt werden (Art. 87 b Abs. 2).

Durch Bundesgesetz, das der Zustimmung des Bundesrates bedarf, können Aufgaben der **Luftverkehrsverwaltung** den Ländern als **Auftragsverwaltung** übertragen werden (Art. 87 d Abs. 2 — vgl. Gesetz über Zuständigkeiten in der Luftverkehrsverwaltung vom 8. 2. 1961).

Durch Bundesgesetz können Bundesgrenzschutzbehörden, Zentralstellen für das polizeiliche Auskunfts- und Nachrichtenwesen, zur Sammlung von Unterlagen für Zwecke des Verfassungsschutzes und für die Kriminalpolizei eingerichtet werden.

Außerdem können für Angelegenheiten, für die der Bund das Gesetzgebungsrecht besitzt, selbständige **Bundesoberbehörden**, neue **bundesunmittelbare Körperschaften** und **Anstalten des öffentlichen Rechts** durch **Bundesgesetz** errichtet werden. Wenn dem Bund auf Gebieten, für die ihm die Gesetzgebung zusteht, neue Aufgaben erwachsen, so können bei dringendem Bedarf bundeseigene Mittel- und Unterbehörden mit Zustimmung des Bundesrates und der Mehrheit der Mitglieder des Bundestages errichtet werden (Art. 87).

Die sozialen Versicherungsträger, deren Zuständigkeitsbereich sich über das Gebiet eines Landes hinaus erstreckt, werden als bundesunmittelbare Körperschaften des öffentlichen Rechts geführt.

In Bereich der bundeseigenen Verwaltung erläßt die Bundesregierung die allgemeinen Verwaltungsvorschriften und regelt die Einrichtung der Behörden, soweit die Gesetze nichts anderes bestimmen (Art. 86).

Art. 88 sieht die Errichtung einer **Währungs-** und **Notenbank** durch den **Bund** vor.

Inzwischen wurde durch Gesetz vom 26. 7. 1957 die **Deutsche Bundesbank** (früher: Bank deutscher Länder) errichtet.

III. Bundesaufsicht

1. Bundesaufsicht bei landeseigener Verwaltung

Der **Bundesregierung** obliegt die **Aufsicht** darüber, daß die Länder die Bundesgesetze dem **geltenden Recht gemäß** ausführen.

In Bezug auf die **Zweckmäßigkeit** der Ausführung hat sie **keine** Entscheidungsbefugnis.

Zur Durchführung ihres Aufsichtsrechtes hat die Bundesregierung die Befugnis, **Beauftragte** zu den obersten Landesbehörden zu entsenden. Die Entsendung von Beauftragten zu den nachgeordneten Behörden ist nur mit Zustimmung der obersten Landesbehörden oder, falls diese Zustimmung versagt wird, mit Zustimmung des Bundesrates zulässig.

Ist die Bundesregierung der Auffassung, daß die Bundesgesetze in einem Land **nicht** dem geltenden Recht entsprechend ausgeführt werden, so hat sie die Möglichkeit, die betreffende Landesregierung darauf **hinzuweisen**. Werden die **Mängel nicht beseitigt**, so kann sie ein **förmliches Verfahren** einleiten und stellt die Mängel fest **(Mängelrüge)**. Die Entscheidung über die Frage, ob das Land das Recht verletzt hat, obliegt dem **Bundesrat** auf Antrag der Bundesregierung oder des Landes. Gegen den Beschluß des Bundesrates kann das **Bundesverfassungsgericht** angerufen werden.

Für **besondere Fälle** (z. B. bei Maßnahmen gegen gemeingefährliche und übertragbare Krankheiten) kann die Bundesregierung durch Bundesgesetz, das der Zustimmung des Bundesrates bedarf, ermächtigt werden, zur Ausführung von Bundesgesetzen **Einzelanweisungen** zu erteilen. Diese Einzelanweisungen müssen grundsätzlich an die obersten Landesbehörden gerichtet werden, jedoch kann die Bundesregierung diese auch an nachgeordnete Behörden richten, wenn sie den Fall für dringlich erachtet (Art. 84).

2. Bundesaufsicht bei Bundesauftragsverwaltung

Die Bundesaufsicht bei der **Bundesauftragsverwaltung** ist naturgemäß viel **weitgehender** als bei der landeseigenen Verwaltung. Die Landesbehörden sind den Weisungen der zuständigen obersten Bundesbehörden unterstellt. Die Weisungen sind im allgemeinen an die obersten Landesbehörden zu richten. Wenn die Bundesregierung es für dringlich erachtet, kann sie ihre Weisungen unmittelbar auch nachgeordneten Behörden erteilen. Die obersten Landesbehörden müssen den Vollzug der Weisung sicherstellen (Art. 85 Abs. 3).

Während sich die Bundesaufsicht im Gebiet der Ausführung der Bundesgesetze als eigene Angelegenheit der Länder nur **auf die Gesetzmäßigkeit** erstreckt, ist sie im **Bereich** der **Bundesauftragsverwaltung auch** auf die **Zweckmäßigkeit** der Ausführung **erweitert**. Zu diesem Zweck ist die Bundesregierung berechtigt, sich zu unterrichten und Bericht und Aktenvorlage zu verlangen sowie Beauftragte zu allen Behörden zu entsenden (Art. 85 Abs. 4).

IV. Bundesbeamte

1. Allgemeines

Die **Ausübung hoheitlicher Befugnisse** muß als ständige Aufgabe in der Regel Angehörigen des öffentlichen Dienstes, die in einem **öffentlich-rechtlichen Dienst- und Treueverhältnis** stehen — also **Beamten** — übertragen werden. Bei der Regelung des Rechtes des öffentlichen Dienstes sind die hergebrachten **Grundsätze des Berufsbeamtentums zu berücksichtigen** (Art. 33 Abs. 4 und 5). Über die Rechtsverhältnisse der im Dienst des Bundes und der bundesunmittelbaren Körperschaften des öffentlichen Rechtes stehenden Personen hat der Bund die ausschließliche Gesetzgebung (Art. 73 Ziff. 8 — s. Bundesbeamtengesetz in der Fassung vom 3. 1. 1977, geändert am 18. 2. 1977, 26. 6. 1978, 30. 7. 1979, 10. 5. 1980 und 26. 6. 1981).

Außerdem kann der Bund unter den Voraussetzungen des Art. 72 (konkurrierende Gesetzgebung) **Rahmenvorschriften** über die Rechtsverhältnisse der im öffentlichen Dienst der Länder, Gemeinden und anderer Körperschaften des öffentlichen Rechts stehenden Personen erlassen (Art. 75 Ziff. 1 — siehe Beamtenrechtsrahmengesetz i. d. F. vom 3. 1. 1977, geändert am 18. 2. 1977, 26. 6. 1978, 20. 3. 1979, 30. 7. 1979, 10. 5. 1980 und 26. 6. 1981).

Jedem Deutschen steht nach seiner Eignung, Befähigung und fachlichen Leistung **gleicher Zugang** zu jedem **öffentlichen Amt** zu (Art. 33 Abs. 2).

Die Zulassung zu öffentlichen Ämtern sowie die im öffentlichen Dienst erworbenen Rechte sind unabhängig vom religiösen Bekenntnis. Aus seiner Zugehörigkeit oder Nichtzugehörigkeit zu einem Bekenntnis oder einer Weltanschauung darf niemanden ein Nachteil erwachsen (Art. 33 Abs. 3).

Art. 36 unterscheidet zwischen **obersten** und **übrigen Bundesbehörden**. Bei den obersten Bundesbehörden müssen Beamte aus **allen** Ländern in angemessenem Verhältnis Verwendung finden. Die bei den übrigen Bundesbehörden beschäftigten Personen sind in der Regel dem Land zu entnehmen, in dem sie tätig sind. Die **Ernennung** und **Entlassung** der Bundesbeamten erfolgt, soweit gesetzlich nichts anderes bestimmt ist, durch den **Bundespräsidenten**, der diese Befugnis auf andere Behörden **übertragen** kann (Art. 60).

Die **Wählbarkeit** von Beamten, Angestellten des öffentlichen Dienstes, Berufssoldaten, freiwilligen Soldaten auf Zeit und Richtern des Bundes **kann** durch Gesetz **beschränkt werden** (Art. 137 Abs. 1).

2. Haftung bei Amtspflichtverletzung

Wenn jemand in Ausübung eines ihm anvertrauten öffentlichen Amtes die ihm einem Dritten gegenüber obliegende **Amtspflicht verletzt**, so trifft die **Verantwortlichkeit** grundsätzlich den **Staat** oder die **Körperschaft**, in deren Dienst er steht. Bei Vorsatz oder grober Fahrlässigkeit ist ein **Rückgriff** gegen den **Beamten** möglich. Für den Schadenersatzanspruch aus der schädigenden Amtshandlung und für den Rückgriff des Dienstherrn gegen die Dienstkraft darf der ordentliche Rechtsweg nicht ausgeschlossen werden (Art. 34).

Durch den Art. 34 wird nicht nur der Beamte im Sinne der Beamtengesetze erfaßt, sondern jeder, der im Dienst des Staates oder anderer öffentlich-rechtlicher Körperschaften zur Erfüllung von Hoheitsaufgaben tätig ist.

§ 11. Die Rechtsprechung

I. Organisation der Gerichte

Die **Ausübung der rechtsprechenden Gewalt** ist dem **Bundesverfassungsgericht**, den im Grundgesetz vorgesehenen **Bundesgerichten** sowie den **Gerichten der Länder** (z. B. Amtsgerichte, Landgerichte, Oberlandesgerichte) übertragen (Art. 92). Damit ist die **Justizhoheit** zwischen dem **Bund** und den **Ländern geteilt.**

Grundsätzlich liegt die **Gerichtshoheit** bei den **Ländern**; sie ist nur bei den im Grundgesetz genannten Bundesgerichten Angelegenheit des Bundes (vgl. auch Art. 30). Der Bund kann also keine bundeseigenen unteren und mittleren Gerichte einrichten.

1. Bundesverfassungsgericht

a) Organisation

Das **Bundesverfassungsgericht** als Hüter der Verfassung setzt sich aus **Bundesrichtern** und **anderen Mitgliedern** zusammen. Alle Mitglieder des Bundesverfassungsgerichts, also auch die Bundesrichter, werden je **zur Hälfte** vom **Bundestag** und vom **Bundesrat** gewählt und dürfen keinem dieser Organe noch der Bundesregierung oder entsprechenden Landesorganen angehören (Art. 94 Abs. 1).

Verfassung und Verfahren des Bundesverfassungsgerichtes sind geregelt durch das Gesetz über das Bundesverfassungsgericht vom 12. 3. 1951 in der Fassung vom 3. 2. 1971, geändert am 2. 3. 1974, 24. 8. 1976 und 20. 3. 1979.

b) Zuständigkeit

Beim Bundesverfassungsgericht liegt die Entscheidung:

1. über die Auslegung des Grundgesetzes aus Anlaß von Streitigkeiten über den Umfang der Rechte und Pflichten eines obersten Bundesorgans oder anderer Beteiligter, die durch das Grundgesetz oder in der Geschäftsordnung eines obersten Bundesorgans mit eigenen Rechten ausgestattet sind.

Streitgegenstand sind durch das Grundgesetz begründete oder gegeneinander abgegrenzte Zuständigkeiten.

Streitparteien sind die einzelnen Bundesorgane (Bundestag, Bundesrat, Bundespräsident, Bundesregierung), weiter die Länder und Minderheiten eines Bundesorgans, denen durch das Grundgesetz Sonderrechte gegeben sind.

2. bei Meinungsverschiedenheiten oder Zweifeln über die förmliche und sachliche Vereinbarkeit von Bundesrecht oder Landesrecht mit dem Grundgesetz oder die Vereinbarkeit von Landesrecht mit sonstigem Bundesrecht auf Antrag der Bundesregierung, einer Landesregierung oder eines Drittels der Mitglieder des Bundestages;
3. bei Meinungsverschiedenheiten über Rechte und Pflichten des Bundes und der Länder, insbesondere bei der Ausführung von Bundesrecht durch die Länder und bei der Ausübung der Bundesaufsicht;
4. in anderen öffentlich-rechtlichen Streitigkeiten zwischen dem Bund und den Ländern, zwischen verschiedenen Ländern oder innerhalb eines Landes, soweit nicht ein anderer Rechtsweg gegeben ist;
5. über Verfassungsbeschwerden, die von jedermann mit der Behauptung erhoben werden können, durch die öffentliche Gewalt in einem seiner Grundrechte oder in einem seiner in Art. 20 Abs. 4, 33, 38, 101, 103 und 104 enthaltenen Rechte verletzt zu sein;

6. über Verfassungsbeschwerden von Gemeinden und Gemeindeverbänden wegen Verletzung des Rechts auf Selbstverwaltung nach Art. 28 durch ein Gesetz, bei Landesgesetzen jedoch nur, soweit nicht Beschwerde beim Landesverfassungsgericht erhoben werden kann;

7. über die Verwirkung von Grundrechten;

8. über die Frage der Verfassungswidrigkeit von Parteien;

9. über Beschwerden gegen Entscheidungen des Bundestages in Wahlprüfungsangelegenheiten und Entscheidungen über die Frage, ob ein Abgeordneter des Bundestages die Mitgliedschaft verloren hat;

10. über die Anklage gegen den Bundespräsidenten wegen vorsätzlicher Verletzung des Grundgesetzes oder eines anderen Bundesgesetzes;

11. über Beschwerden gegen den Beschluß des Bundesrates betr. Mängelrüge;

12. über die Richteranklage;

13. über Verfassungsstreitigkeiten innerhalb eines Landes, wenn ihm die Entscheidung durch Landesgesetz zugewiesen ist;

14. wenn ein Gericht ein Gesetz, auf dessen Gültigkeit es bei der Entscheidung ankommt, für unvereinbar mit dem Grundgesetz hält oder wenn nach seiner Ansicht eine Verletzung des Grundgesetzes durch Landesrecht oder die Unvereinbarkeit eines Landesgesetzes mit einem Bundesgesetz vorliegt;

15. wenn in einem Rechtsstreit zweifelhaft ist, ob eine Regel des Völkerrechts Bestandteil des Bundesrechts ist und ob sie unmittelbar Rechte und Pflichten für den einzelnen erzeugt;

16. wenn das Verfassungsgericht eines Landes bei der Auslegung des Grundgesetzes von einer Entscheidung des Bundesverfassungsgerichtes oder des Verfassungsgerichtes eines anderen Landes abweichen will;

17. bei Meinungsverschiedenheiten über das Fortgelten von Recht als Bundesrecht

(Art. 93 Abs. 1 i. V. m. Art. 18, 21 Abs. 2, 41 Abs. 2, 61, 84 Abs. 4, 98, 99, 100 Abs. 1, 2, 3, Art. 126).

Ferner wird das Bundesverfassungsgericht in den ihm sonst **durch Bundesgesetz zugewiesenen Fällen** tätig (Art. 93 Abs. 2).

2. Oberste Gerichtshöfe

Es gibt folgende oberste Gerichtshöfe:

a) für die **ordentliche Gerichtsbarkeit (Bundesgerichtshof** in Karlsruhe),

b) für die **Verwaltungsgerichtsbarkeit (Bundesverwaltungsgericht** in Berlin),

c) für die **Finanzgerichtsbarkeit** (**Bundesfinanzhof** in München),

d) für die **Arbeitsgerichtsbarkeit** (**Bundesarbeitsgericht** in Kassel),

e) für die **Sozialgerichtsbarkeit** (**Bundessozialgericht** in Kassel).

Diese Gerichte haben die Aufgabe, die **gleichmäßige Handhabung der Rechtspflege** in den einzelnen Fachgebieten des Bundesrechtes und in den verschiedenen Ländern zu gewährleisten.

Über die Berufung der Richter der obersten Gerichtshöfe entscheidet der für das jeweilige Sachgebiet zuständige Bundesminister gemeinsam mit einem Richterwahlausschuß. Der Richterwahlausschuß besteht aus den für das jeweilige Sachgebiet zuständigen Ministern der Länder und einer gleichen Anzahl von Mitgliedern, die vom Bundestag gewählt werden.

Zur **Wahrung der Einheitlichkeit der Rechtsprechung** wurde ein **Gemeinsamer Senat** der obersten Gerichtshöfe gebildet. Die näheren Bestimmungen regelt das auf Grund von Art. 95 erlassene Gesetz vom 19. 6. 1968.

3. Bundesgerichte

Art. 96 Abs. 1—4 bestimmt, daß der Bund folgende Bundesgerichte errichten kann:

a) ein **Bundesgericht** für **Angelegenheiten des gewerblichen Rechtsschutzes**

(Bundespatentgericht in München)

b) **Wehrstrafgerichte**

Sie können die Strafgerichtsbarkeit nur im Verteidigungsfalle sowie über Angehörige der Streitkräfte ausüben, die in das Ausland entsandt oder an Bord von Kriegsschiffen eingeschifft sind. Ihre hauptamtlichen Richter müssen die Befähigung zum Richteramt haben.

c) **Bundesgerichte** zur **Entscheidung in Disziplinarverfahren** und **Beschwerdeverfahren**

für Personen, die zum Bund in einem öffentlich-rechtlichen Dienstverhältnis stehen.

Für die unter a) und b) aufgeführten Gerichte ist der **Bundesgerichtshof** oberster Gerichtshof.

Für Strafverfahren auf den Gebieten des Art. 26 Abs. 1 und des Staatsschutzes kann ein Bundesgesetz mit Zustimmung des Bundesrates vorsehen, daß **Gerichte der Länder** Gerichtsbarkeit des Bundes ausüben (Art. 96 Abs. 5).

II. Die Unabhängigkeit der Richter

Das Grundgesetz **garantiert** die **sachliche** und **persönliche Unabhängigkeit** der Richter. Die Richter sind in Bezug auf ihre Rechtsprechungstätigkeit **frei von Weisungen** ihrer Dienstvorgesetzten und **nur** dem **Gesetz unterworfen**. Die hauptamtlich und planmäßig endgültig angestellten Richter können grundsätzlich gegen ihren Willen weder an eine andere Stelle oder in den Ruhestand versetzt noch vor Ablauf ihrer Amtszeit entlassen oder dauernd oder zeitweise ihres Amtes enthoben werden. Ausnahmen von dieser grundsätzlichen Bestimmung sind nur Kraft richterlicher Entscheidungen und nur aus Gründen und unter den Formen zulässig, die gesetzlich bestimmt sind.

Durch die Gesetzgebung können Altersgrenzen festgesetzt werden, bei deren Erreichung auf Lebenszeit angestellte Richter in den Ruhestand treten. Werden Einrichtung der Gerichte oder ihre Bezirke verändert, so können Richter an ein anderes Gericht versetzt oder aus dem Amt entfernt werden. Allerdings ist dies nur unter Belassung des vollen Gehalts möglich.

III. Die Rechtsstellung der Richter

Die **Richter** stellen die **Repräsentanten der Rechtsprechung** dar. Die Rechtsstellung der Bundesrichter ist unabhängig von den anderen Laufbahnen des öffentlichen Dienstes durch ein besonderes Bundesgesetz geregelt (Art. 98 Abs. 1 — vgl. Deutsches Richtergesetz in der Fassung vom 19. 4. 1972, danach mehrfach geändert, zuletzt am 16. 6. 1980).

Verstößt ein Bundesrichter im Amt oder außerhalb des Amtes **gegen die Grundsätze des Grundgesetzes** oder gegen die **verfassungsmäßige Ordnung eines Landes,** so kann das **Bundesverfassungsgericht** mit Zweidrittelmehrheit auf Antrag des Bundestages anordnen, daß der Richter in ein **anderes Amt** oder in den **Ruhestand** zu versetzen ist. Im Fall eines **vorsätzlichen** Verstoßes kann auf **Entlassung** erkannt werden (Art. 98 Abs. 2).

Mit der **Richteranklage** ist ein neuer Weg beschritten worden. Sie verfolgt den Zweck, die **demokratische Staatsform** vor antidemokratischen Einwirkungen zu sichern und **zu schützen.**

Für die Landesrichter können die Länder eine entsprechende Regelung treffen. Hierbei bleibt in Geltung befindliches Landesverfassungsrecht unberührt. Die Entscheidung über eine Richteranklage liegt ebenfalls beim Bundesverfassungsgericht (Art. 98 Abs. 5).

Die Rechtsstellung der Richter in den Ländern wird durch besondere Landesgesetze, für die der Bund Rahmenvorschriften erlassen kann, geregelt.

Die Länder können anordnen, daß über die Anstellung der Richter in den Ländern der Landesjustizminister gemeinsam mit einem Richterwahlausschuß die Entscheidung trifft (Art. 98 Abs. 3 und 4).

§ 12. Das Finanzwesen

I. Finanzhoheit des Bundes und der Länder

Hier handelt es sich um die Regelung der Fragen, wer die **Staatsausgaben** zu tragen hat, wer für die **Finanzgesetzgebung** zuständig ist, wie die **Verteilung des Steueraufkommens** erfolgt, wie der **Finanzausgleich** durchgeführt wird und wem die **Finanzverwaltung** obliegt.

1. Staatsausgaben

Art. 104 a bestimmt, daß der **Bund** und die **Länder gesondert** die **Ausgaben** tragen, die sich aus der **Wahrnehmung ihrer Aufgaben** ergeben.

Diese grundsätzliche Regelung gilt nicht, wenn das Grundgesetz etwas anderes bestimmt.

Wenn die **Länder** im **Auftrage des Bundes** handeln, trägt der **Bund** die sich daraus ergebenden **Ausgaben**.

Bundesgesetze, die Geldleistungen gewähren und von den Ländern ausgeführt werden, können bestimmen, daß die Geldleistungen ganz oder zum Teil vom Bund getragen werden.

Der Bund kann den Ländern **Finanzhilfen** für besonders bedeutsame Investitionen der Länder und Gemeinden gewähren, die

a) zur Abwehr einer Störung des gesamtwirtschaftlichen Gleichgegewichts,

b) zum Ausgleich unterschiedlicher Wirtschaftskraft im Bundesgebiet oder

c) zur Förderung des wirtschaftlichen Wachstums erforderlich sind.

2. Finanzgesetzgebung

Die Gesetzgebungszuständigkeit im Bereich des Finanzwesens regelt Art. 105.

Der **Bund** hat die **ausschließliche Gesetzgebung** über die **Zölle** und **Finanzmonopole**.

Der **konkurrierenden Gesetzgebung** des **Bundes** unterliegen die übrigen Steuern, wenn dem Bund das Aufkommen dieser Steuern ganz oder teilweise zusteht oder die Voraussetzungen des Art. 72 Abs. 2 (siehe § 9 Abschnitt I Ziff. 2) vorliegen.

Die **Länder** haben die **Befugnis** zur **Gesetzgebung** über die **örtlichen Verbrauch-** und **Aufwandsteuern**, solange und soweit sie nicht bundesgesetzlich geregelten Steuern gleichartig sind.

Bundesgesetze über Steuern, deren Aufkommen den Ländern oder den Gemeinden ganz oder zum Teil zufließt, bedürfen der Zustimmung des Bundesrates.

3. Verteilung des Steueraufkommens

Die Verteilung des Steueraufkommens zwischen **Bund**, **Ländern** und **Gemeinden** ist wie folgt geregelt:

Dem **Bund** stehen der Ertrag der **Finanzmonopole** und das Aufkommen folgender **Steuern** zu:

a) die Zölle,

b) die Verbrauchsteuern,
(mit Ausnahme der Steuern, die den Ländern, Bund und Ländern gemeinsam oder den Gemeinden zustehen),

c) die Straßengüterverkehrsteuer,

d) die Kapitalverkehrsteuern, die Versicherungsteuer und die Wechselsteuer,
e) die einmaligen Vermögensabgaben und die zur Durchführung des Lastenausgleichs erhobenen Ausgleichsabgaben,
f) die Ergänzungsabgabe zur Einkommensteuer und zur Körperschaftsteuer,
g) Abgaben im Rahmen der Europäischen Gemeinschaften (Art. 106 Abs. 1).

Die **Länder** erhalten das Aufkommen folgender **Steuern**:

a) die Vermögensteuer,
b) die Erbschaftsteuer,
c) die Kraftfahrzeugsteuer,
d) die Verkehrsteuern (soweit sie nicht dem Bund oder Bund und Ländern gemeinsam zustehen),
e) die Biersteuer,
f) die Abgabe von Spielbanken (Art. 106 Abs. 2).

Das **Aufkommen**

a) der Einkommensteuer,
b) der Körperschaftsteuer und
c) der Umsatzsteuer

steht dem **Bund** und den **Ländern gemeinsam** zu **(Gemeinschaftssteuern)**, soweit das Aufkommen der Einkommensteuer nicht gem. Art. 106 Abs. 5 den Gemeinden zugewiesen wird.

Am Aufkommen der **Einkommensteuer** und der **Körperschaftsteuer** sind der **Bund** und die **Länder je zur Hälfte** beteiligt.

Die **Anteile** von **Bund** und **Ländern** an der **Umsatzsteuer** werden durch Bundesgesetz — das der Zustimmung des Bundesrates bedarf — festgesetzt (Art. 106 Abs. 3).

Vom Aufkommen der Umsatzsteuer stehen für 1981 und 1982 dem Bund 67,5 % und den Ländern 32,5 %, für 1983 dem Bund 66,5 % und den Ländern 33,5 % und für 1984 und 1985 dem Bund 65,5 % und den Ländern 34,5 % zu (s. § 1 des Gesetzes über den Finanzausgleich zwischen Bund und Ländern vom 28. 8. 1969 i. d. F. vom 22. 12. 1983).

Werden den **Ländern** durch Bundesgesetz **zusätzliche Ausgaben** auferlegt oder **Einnahmen entzogen**, so kann die **Mehrbelastung** durch Bundesgesetz — das der Zustimmung des Bundesrates bedarf — mit **Finanzzuweisungen des Bundes** ausgeglichen werden, wenn sie auf einen kurzen Zeitraum begrenzt ist (Art. 106 Abs. 4 Satz 2).

Die **Gemeinden** erhalten einen **Anteil** an dem Aufkommen der **Einkommensteuer**, der von den Ländern an ihre Gemeinden auf der Grundlage der Einkommensteuerleistungen ihrer Einwohner weiterzuleiten ist (Art. 106 Abs. 5).

Die näheren Bestimmungen enthält das Gesetz zur Neuordnung der Gemeindefinanzen **(Gemeindefinanzreformgesetz)** vom 8. 9. 1969 mit Änd. vom 27. 12. 1971, 30. 11. 1978, 19. 1. 1979 und 20. 12. 1982.

Das Aufkommen der **Realsteuern** steht den **Gemeinden**, das Aufkommen der **örtlichen Verbrauch-** und **Aufwandsteuern** steht den **Gemeinden** oder nach Maßgabe der Landesgesetzgebung den **Gemeindeverbänden** zu.

Den Gemeinden ist das Recht einzuräumen, die Hebesätze der Realsteuern im Rahmen der Gesetze festzusetzen (Art. 106 Abs. 6 Satz 1 und 2).

Art. 106 Abs. 6 Satz 4 bestimmt, daß **Bund** und **Länder** durch eine **Umlage** an dem Aufkommen der **Gewerbesteuer beteiligt** werden können.

Die näheren Bestimmungen enthält § 6 des Gemeindefinanzreformgesetzes vom 8. 9. 1969 mit Änderungen vom 27. 12. 1971, 30. 11. 1978, 19. 1. 1979 und 20. 12. 1982.

Von dem **Länderanteil** am Gesamtaufkommen der **Gemeinschaftssteuern** fließt den **Gemeinden** und **Gemeindeverbänden** insgesamt ein von der Landesgesetzgebung zu bestimmender Hundertsatz zu.

Im übrigen bestimmt die Landesgesetzgebung, ob und inwieweit das Aufkommen der Landessteuern den Gemeinden (Gemeindeverbänden) zufließt (Art. 106 Abs. 7).

4. Finanzausgleich

Der Finanzausgleich bezweckt eine Minderung des Gefälles zwischen steuerstarken und steuerschwachen Ländern, damit auch diese in der Lage sind, ihre staatlichen Aufgaben zu erfüllen.

a) **Finanzausgleich unter den Ländern**

Art. 107 Abs. 2 bestimmt die **Sicherstellung** eines angemessenen **Ausgleichs** der **unterschiedlichen Finanzkraft der Länder** durch Bundesgesetz, das der Zustimmung des Bundesrates bedarf. Hierbei müssen die Finanzkraft und der Finanzbedarf der Gemeinden berücksichtigt werden.

Zur Durchführung des Finanzausgleichs unter den Ländern werden aus **Beiträgen** der **leistungsfähigen Länder (Ausgleichsbeiträge) Zuschüsse** an die **leistungsschwachen Länder (Ausgleichszuweisungen)** geleistet (siehe Gesetz über den Finanzausgleich zwischen Bund und Ländern vom 28. 8. 1969 mit Änd. vom 12. 3. 1971, 27. 10. 1972, 8. 5. 1974, 21. 1. 1976, 17. 3. 1978, 10. 5. 1980, 20. 12. 1982 und 22. 12. 1983).

Gemäß Art. 107 Abs. 1 Satz 4 steht der **Länderanteil** am Aufkommen der **Umsatzsteuer** grundsätzlich den einzelnen Ländern nach Maßgabe ihrer Einwohnerzahl zu.

Durch Bundesgesetz — das der Zustimmung des Bundesrates bedarf — können für einen Teil, höchstens jedoch für ein Viertel dieses Länderanteils an der Umsatzsteuer, Ergänzungsanteile für die Länder vorgesehen werden, deren Einnahmen aus den Landessteuern sowie aus der Einkommensteuer und der Körperschaftsteuer je Einwohner unter dem Durchschnitt der Länder liegen.

Die näheren Bestimmungen enthält § 2 des Gesetzes über den Finanzausgleich zwischen Bund und Ländern vom 28. 8. 1969 mit Änd. vom 12. 3. 1971,

27. 10. 1972, 8. 5. 1974, 21. 1. 1976, 17. 3. 1978, 10. 5. 1980, 20. 12. 1982 und 22. 12. 1983.

b) **Ergänzungszuweisungen des Bundes**

Durch zustimmungspflichtiges Bundesgesetz kann auch bestimmt werden, daß der **Bund aus seinen Mitteln leistungsschwachen Ländern** Zuweisungen zur ergänzenden Deckung ihres allgemeinen Finanzbedarfs **(Ergänzungszuweisungen) gewährt** (Art. 107 Abs. 2 Satz 3).

5. Lastenausgleich zwischen Bund, Ländern und Gemeinden

Veranlaßt der **Bund** in einzelnen **Ländern** oder **Gemeinden** (Gemeindeverbänden) **besondere Einrichtungen**, die diesen Ländern oder Gemeinden unmittelbar Mehrausgaben oder Mindereinnahmen **(Sonderbelastungen)** verursachen, gewährt der Bund den erforderlichen **Ausgleich**, wenn und soweit den Ländern oder Gemeinden nicht zugemutet werden kann, die Sonderbelastungen zu tragen.

Entschädigungsleistungen Dritter und finanzielle Vorteile, die diesen Ländern oder Gemeinden als Folge der Einrichtungen erwachsen, werden bei dem Ausgleich berücksichtigt (Art. 106 Abs. 8).

6. **Finanzverwaltung**

Die Finanzverwaltung erfolgt durch

a) **Bundesfinanzbehörden** und

b) **Landesfinanzbehörden**.

Durch **Bundesfinanzbehörden** werden Zölle, Finanzmonopole, die bundesgesetzlich geregelten Verbrauchsteuern einschließlich der Einfuhrumsatzsteuer und die Abgaben im Rahmen der Europäischen Gemeinschaften verwaltet.

Der Aufbau der Bundesfinanzbehörden wird durch Bundesgesetz geregelt. Die Leiter der Mittelbehörden sind im Benehmen mit den Landesregierungen zu bestellen.

Die **Landesfinanzbehörden** verwalten die **übrigen Steuern**.

Der Aufbau der Landesfinanzbehörden und die einheitliche Ausbildung der Beamten können durch Bundesgesetz mit Zustimmung des Bundesrates geregelt werden. Die Leiter der Mittelbehörden sind im Einvernehmen mit der Bundesregierung zu bestellen.

Wenn die **Landesfinanzbehörden** Steuern verwalten, die ganz oder teilweise dem **Bund** zufließen (z. B. Einkommen- und Körperschaftsteuer), so werden sie im **Auftrage des Bundes** tätig (Art. 108 Abs. 1—3). Durch Bundesgesetz — das der Zustimmung des Bundesrates bedarf — kann vorgesehen werden, daß

a) bei der Verwaltung von Steuern Bundes- und Landesfinanzbehörden zusammenwirken,

b) für vom Bund zu verwaltende Steuern die Verwaltung durch Landesfinanzbehörden und

c) für andere Steuern die Verwaltung durch Bundesfinanzbehörden erfolgt.

Voraussetzung für eine solche Regelung ist, daß dadurch der **Vollzug der Steuergesetze erheblich verbessert** oder **erleichtert** wird (Art. 108 Abs. 4 Satz 1).

Für die den Gemeinden (Gemeindeverbänden) allein zufließenden Steuern kann die den Landesfinanzbehörden zustehende Verwaltung durch die Länder ganz oder zum Teil den **Gemeinden** (Gemeindeverbänden) übertragen werden (Art. 108 Abs. 4 Satz 2).

II. Haushalts- und Rechnungswesen

In ihrer **Haushaltswirtschaft** sind **Bund** und **Länder selbständig** und voneinander unabhängig.

Sie haben jedoch bei ihrer Haushaltswirtschaft den **Erfordernissen des gesamtwirtschaftlichen Gleichgewichts Rechnung zu tragen**.

Durch Bundesgesetz (das der Zustimmung des Bundesrates bedarf) können für **Bund und Länder gemeinsam geltende Grundsätze** für das **Haushaltsrecht**, für eine **konjunkturgerechte Haushaltswirtschaft** und für eine **mehrjährige Finanzplanung** aufgestellt werden (Art. 109 — s. Gesetz über die Grundsätze des Haushaltsrechts des Bundes und der Länder vom 19. 8. 1969 mit Änderung vom 21. 12. 1974).

Alle Einnahmen und Ausgaben des Bundes sind in den **Haushaltsplan**, der in Einnahme und Ausgabe auszugleichen ist, einzusetzen.

Der Haushaltsplan wird für **ein oder mehrere Rechnungsjahre** — nach Jahren getrennt — vor Beginn des ersten Rechnungsjahres durch das **Haushaltsgesetz** festgestellt. Für Teile des Haushaltsplanes kann vorgesehen werden, daß sie für unterschiedliche Zeiträume — nach Rechnungsjahren getrennt — gelten (Art. 110).

Wenn bis zum **Rechnungsjahrschluß** der **Haushaltsplan** für das **folgende Jahr** nicht durch Gesetz **festgestellt** ist, so ist **bis zu seinem Inkrafttreten** die **Bundesregierung ermächtigt, alle Ausgaben zu leisten, die erforderlich sind,**

a) um gesetzlich bestehende Einrichtungen zu erhalten und gesetzlich beschlossene Maßnahmen durchzuführen,

b) um die rechtlich begründeten Verpflichtungen des Bundes zu erfüllen,

c) um Bauten, Beschaffungen und sonstige Leistungen fortzusetzen oder Beihilfen für diese Zwecke weiter zu gewähren, sofern durch den Haushaltsplan des Vorjahres bereits Beträge bewilligt worden sind.

Soweit nicht auf besonderem Gesetz beruhende Einnahmen aus Steuern, Abgaben und sonstigen Quellen oder die Betriebsmittelrücklage die vorstehend aufgeführten Ausgaben decken, darf die Bundesregierung die zur Aufrechterhaltung der Wirtschaftsführung erforderlichen Mittel bis zur Höhe eines Viertels der Endsumme des abgelaufenen Haushaltsplanes im Wege des **Kredits** flüssig machen (Art. 111).

Für **überplanmäßige** und **außerplanmäßige Ausgaben** ist die **Zustimmung des Bundesfinanzministers erforderlich**. Sie darf **nur** erteilt werden, wenn ein **unvorhergesehenes** und **unabweisbares Bedürfnis** vorliegt (Art. 112).

Gesetze, welche die von der Bundesregierung vorgeschlagenen Ausgaben des Haushaltsplanes erhöhen, neue Ausgaben in sich schließen oder für die Zukunft mit sich bringen, bedürfen der **Zustimmung der Bundesregierung.** Das gleiche gilt für Gesetze, die Einnahmeminderungen in sich schließen oder für die Zukunft mit sich bringen (Art. 113).

Der **Bundesfinanzminister** hat dem **Bundestag** und dem **Bundesrat** über alle Einnahmen und Ausgaben sowie über das Vermögen und die Schulden im Laufe des nächsten Rechnungsjahres zur Entlastung der Bundesregierung **Rechnung zu legen**.

Die **Prüfung der Rechnung** sowie die Prüfung der Wirtschaftlichkeit und Ordnungsmäßigkeit der Haushalts- und Wirtschaftsführung obliegt dem **Bundesrechnungshof**. Der Bundesrechnungshof — dessen Mitglieder **richterliche Unabhängigkeit** besitzen — hat außer der Bundesregierung unmittelbar dem Bundestag und dem Bundesrat jährlich zu berichten (Art. 114 — s. auch Gesetz über Errichtung und Aufgaben des Bundesrechnungshofes vom 27. 11. 1950 mit Änd. vom 20. 7. 1967, 19. 8. 1969 und 2. 3. 1974).

Die **Aufnahme von Krediten** sowie die Übernahme von Bürgschaften, Garantien oder sonstigen Gewährleistungen, die zu Ausgaben in künftigen Rechnungsjahren führen können, bedürfen einer der Höhe nach bestimmten oder bestimmbaren **Ermächtigung durch ein Bundesgesetz** (Art. 115).

§ 13. Der Verteidigungsfall

I. Begriff, Feststellung und Verkündung des Verteidigungsfalles

Der **Verteidigungsfall** ist gegeben, **wenn das Bundesgebiet mit Waffengewalt angegriffen wird** oder ein **solcher Angriff unmittelbar droht**.

Die **Feststellung** des Verteidigungsfalles trifft der **Bundestag** mit **Zustimmung des Bundesrates**. Sie erfolgt auf **Antrag der Bundesregierung** und bedarf einer Mehrheit von zwei Dritteln der abgegebenen Stimmen, mindestens jedoch der Mehrheit der gesetzlichen Mitgliederzahl des Bundestages (Art. 115 a Abs. 1).

Wenn

a) die Lage unabweisbar ein sofortiges Handeln erfordert und einem rechtzeitigen Zusammentritt des Bundestages unüberwindliche Hindernisse entgegenstehen oder

b) der Bundestag nicht beschlußfähig ist,

so trifft die Feststellung des Verteidigungsfalles der **Gemeinsame Ausschuß** (siehe Abschnitt V.). Der Beschluß bedarf der Mehrheit von zwei Dritteln der abgegebenen Stimmen, mindestens aber der Mehrheit seiner Mitglieder (Art. 115a Abs. 2).

Die **Verkündung** der Feststellung des Verteidigungsfalles erfolgt durch den **Bundespräsidenten** gem. Art. 82 im Bundesgesetzblatt. Ist dies nicht rechtzeitig möglich, so erfolgt die Verkündung in anderer Weise. Sie ist dann im Bundesgesetzblatt nachzuholen, sobald die Umstände es zulassen (Art. 115a Abs. 3).

Wenn das Bundesgebiet mit Waffengewalt angegriffen wird und die zuständigen Bundesorgane außerstande sind, sofort die Feststellung des Verteidigungsfalles zu treffen, so gilt diese Feststellung als getroffen und als zu dem Zeitpunkt verkündet, in dem der Angriff begonnen hat. Der Bundespräsident gibt diesen Zeitpunkt bekannt, sobald die Umstände es zulassen (Art. 115 a Abs. 4).

II. Streitkräfte des Bundes

1. Aufgaben der Streitkräfte

Art. 87a bestimmt, daß der **Bund** zur **Verteidigung Streitkräfte** aufstellt **(Bundeswehr)**. Die zahlenmäßige Stärke der Streitkräfte und die Grundzüge ihrer Organisation müssen sich aus dem Haushaltsplan ergeben. Außer zur Verteidigung dürfen die Streitkräfte nur eingesetzt werden, soweit das Grundgesetz dies ausdrücklich zuläßt (z. B. in den Fällen des Art. 35 Abs. 3 und des Art. 87a Abs. 4 — siehe § 8 Abschnitt II).

Die **Streitkräfte** haben im **Verteidigungsfall** und im **Spannungsfall** die **Befugnis**, zivile Objekte zu schützen und Aufgaben der Verkehrsregelung wahrzunehmen, soweit dies zur Erfüllung ihres Verteidigungsauftrages erforderlich ist. Außerdem kann den **Streitkräften** im Verteidigungsfall und im Spannungsfall der Schutz ziviler Objekte auch zur Unterstützung polizeilicher Maßnahmen übertragen werden; die Streitkräfte wirken dabei mit den zuständigen Behörden zusammen.

2. Befehls- und Kommandogewalt über die Streitkräfte

Während die **Befehls- und Kommandogewalt** über die Streitkräfte im **Frieden** dem **Bundesminister der Verteidigung** zusteht (Art. 65 a), geht sie mit der **Verkündung des Verteidigungsfalles** auf den **Bundeskanzler** über (Art. 115 b).

III. Erweiterung der Gesetzgebungszuständigkeit des Bundes im Verteidigungsfall

Für den **Verteidigungsfall** hat der **Bund** das **Recht der konkurrierenden Gesetzgebung** auch auf den **Sachgebieten**, die zur **Gesetzgebungszu-**

ständigkeit der **Länder** gehören. Diese Gesetze bedürfen der Zustimmung des Bundesrates (Art. 115c Abs. 1).

Soweit es die Verhältnisse während des Verteidigungsfalles erfordern, kann durch Bundesgesetz für den Verteidigungsfall

a) bei Enteignungen abweichend von Art. 14 Abs. 3 Satz 2 die Entschädigung vorläufig geregelt werden,

b) für Freiheitsentziehungen eine von Art. 104 Abs. 2 Satz 3 und Abs. 3 Satz 1 abweichende Frist — höchstens jedoch eine solche von vier Tagen — für den Fall festgesetzt werden, daß ein Richter nicht innerhalb der für Normalzeiten geltenden Frist tätig werden konnte (Art. 115 c Abs. 2).

Soweit es zur Abwehr eines gegenwärtigen oder unmittelbar drohenden Angriffs erforderlich ist, kann für den Verteidigungsfall durch Bundesgesetz — das der Zustimmung des Bundesrates bedarf — die Verwaltung und das Finanzwesen des Bundes und der Länder abweichend von den Abschnitten VIII, VIII a und X geregelt werden.

Hierbei ist die Lebensfähigkeit der Länder, Gemeinden und Gemeindeverbände, insbesondere auch in finanzieller Hinsicht, zu wahren (Art. 115c Abs. 3).

IV. Gesetzgebungsverfahren bei dringlichen Gesetzesvorlagen im Verteidigungsfall

Für die Gesetzgebung des Bundes gilt im **Verteidigungsfall** eine von den allgemeinen Vorschriften über das Gesetzgebungsverfahren abweichende Regelung, wenngleich auch nur für **dringliche** Gesetzesvorlagen **(abgekürztes Verfahren)**.

Art. 115d Abs. 2 bestimmt, daß **Gesetzesvorlagen** der Bundesregierung, die sie als **dringlich** bezeichnet, **gleichzeitig** mit der **Einbringung** beim **Bundestag** dem **Bundesrat** zuzuleiten sind. Bundestag und Bundesrat beraten diese Vorlagen **unverzüglich gemeinsam**. Soweit zu einem Gesetz die Zustimmung des Bundesrates erforderlich ist, bedarf es zum Zustandekommen des Gesetzes der Zustimmung der Mehrheit seiner Stimmen.

Das Nähere regelt eine Geschäftsordnung, die vom Bundestag beschlossen wird und der Zustimmung des Bundesrates bedarf.

Wenn die Verkündung der Gesetze im Bundesgesetzblatt nicht rechtzeitig möglich ist, erfolgt die Verkündung in anderer Weise; sie ist im Bundesgesetzblatt nachzuholen, sobald die Umstände es zulassen (Art. 115d Abs. 3 in Verbindung mit Art. 115a Abs. 3 Satz 2).

V. Gemeinsamer Ausschuß

Der **Gemeinsame Ausschuß**, dem für den **Verteidigungsfall besondere Zuständigkeiten** zugewiesen sind, besteht zu **zwei Dritteln aus Abgeordneten des Bundestages** und zu **einem Drittel aus Mitgliedern des Bundesrates**.

Die Abgeordneten werden vom Bundestag entsprechend dem Stärkeverhältnis der Fraktionen bestimmt; sie dürfen nicht der Bundesregierung angehören. Jedes Land wird durch ein von ihm bestelltes Mitglied des Bundesrates vertreten; diese Mitglieder sind nicht an Weisungen gebunden.

Die Bildung des Gemeinsamen Ausschusses und sein Verfahren werden durch eine **Geschäftsordnung** geregelt. Diese Geschäftsordnung ist vom Bundestag zu beschließen und bedarf der Zustimmung des Bundesrates.

Die Bundesregierung muß den Gemeinsamen Ausschuß über ihre Planungen für den Verteidigungsfall unterrichten. Das Recht des Bundestages und seiner Ausschüsse, die Anwesenheit jedes Mitgliedes der Bundesregierung verlangen zu können (Art. 43 Abs. 1), bleibt unberührt (Art. 53 a).

Stellt der **Gemeinsame Ausschuß** im Verteidigungsfall mit einer **Mehrheit** von **zwei Dritteln** der abgegebenen Stimmen, mindestens jedoch mit der **Mehrheit seiner Mitglieder** fest, daß dem **rechtzeitigen Zusammentritt des Bundestages unüberwindliche Hindernisse entgegenstehen** oder daß dieser **nicht beschlußfähig** ist, so hat der Gemeinsame Ausschuß die **Stellung von Bundestag und Bundesrat** und **nimmt deren Rechte einheitlich wahr**.

Durch ein Gesetz des Gemeinsamen Ausschusses darf das Grundgesetz weder geändert noch ganz oder teilweise außer Kraft oder außer Anwendung gesetzt werden. Der Gemeinsame Ausschuß ist nicht befugt, Gesetze nach Art. 24 Abs. 1 (Übertragung von Hoheitsrechten auf zwischenstaatliche Einrichtungen) und Art. 29 (Neugliederung des Bundesgebietes) zu erlassen (Art. 115 e).

Gesetze, die der Gemeinsame Ausschuß beschlossen hat, sowie **Rechtsverordnungen,** die auf Grund solcher Gesetze erlassen wurden, treten spätestens **sechs Monate nach Beendigung des Verteidigungsfalles außer Kraft** (Art. 115 k Abs. 2).

Der **Bundestag** kann jederzeit mit **Zustimmung des Bundesrates Gesetze** des Gemeinsamen Ausschusses **aufheben**. Der Bundesrat kann verlangen, daß der Bundestag hierüber beschließt (Art. 115 l Abs. 1).

VI. Außerordentliche Befugnisse der Bundesregierung im Verteidigungsfall

Die **Bundesregierung** kann im **Verteidigungsfall**, soweit es die Verhältnisse erfordern,

a) den Bundesgrenzschutz im gesamten Bundesgebiet einsetzen;
b) außer der Bundesverwaltung auch den Landesregierungen und, wenn sie es für dringlich erachtet, den Landesbehörden Weisungen erteilen und diese Befugnis auf von ihr zu bestimmende Mitglieder der Landesregierungen übertragen.

Wenn die Bundesregierung solche Maßnahmen trifft, muß sie **unverzüglich** den **Bundestag**, den **Bundesrat** und den **Gemeinsamen Ausschuß** hiervon **unterrichten** (Art. 115 f).

Die zur Abwehr der Gefahr von der Bundesregierung getroffenen Maßnahmen sind aufzuheben, wenn der Bundestag und der Bundesrat es beschließen (Art. 115 l Abs. 1 Satz 3).

VII. Stellung und Aufgaben des Bundesverfassungsgerichtes im Verteidigungsfall

Die **verfassungsmäßige Stellung** und die **Erfüllung** der **verfassungsmäßigen Aufgaben** des **Bundesverfassungsgerichtes** und **seiner Richter** dürfen **nicht beeinträchtigt** werden.

Das Gesetz über das Bundesverfassungsgericht darf durch ein Gesetz des Gemeinsamen Ausschusses nur insoweit geändert werden, als dies auch nach Auffassung des Bundesverfassungsgerichtes zur Aufrechterhaltung der Funktionsfähigkeit des Gerichtes erforderlich ist. Bis zum Erlaß eines solchen Gesetzes kann das Bundesverfassungsgericht die zur Erhaltung der Arbeitsfähigkeit des Gerichtes erforderlichen Maßnahmen treffen (Art. 115g).

VIII. Wahlperioden und Amtszeiten im Verteidigungsfall

Während des Verteidigungsfalles **ablaufende Wahlperioden** des **Bundestages** oder der **Volksvertretungen der Länder** enden **sechs Monate nach Beendigung** des **Verteidigungsfalles**.

Die im Verteidigungsfall ablaufende **Amtszeit** des **Bundespräsidenten** sowie bei vorzeitiger Erledigung seines Amtes die Wahrnehmung seiner Befugnisse durch den Präsidenten des Bundesrates enden **neun Monate** nach Beendigung des Verteidigungsfalles.

Die im Verteidigungsfall ablaufende **Amtszeit** eines **Mitgliedes des Bundesverfassungsgerichtes** endet **sechs Monate** nach Beendigung des Verteidigungsfalles (Art. 115h Abs. 1).

Wird eine **Neuwahl** des **Bundeskanzlers** durch den **Gemeinsamen Ausschuß** erforderlich, so wählt dieser einen neuen **Bundeskanzler** mit der **Mehrheit seiner Mitglieder**; der Bundespräsident macht dem Gemeinsamen Ausschuß einen Vorschlag.

Der **Gemeinsame Ausschuß** kann dem **Bundeskanzler** das **Mißtrauen** nur dadurch aussprechen, daß er mit der Mehrheit von **zwei Dritteln seiner Mitglieder** einen **Nachfolger** wählt (Art. 115h Abs. 2).

Für die Dauer des Verteidigungsfalles ist die **Auflösung** des **Bundestages ausgeschlossen** (Art. 115h Abs. 3).

IX. Besondere Dienstverpflichtungen im Verteidigungsfall

Wehrpflichtige, die **nicht**

a) zum Dienst in den **Streitkräften**, im **Bundesgrenzschutz** oder in einem **Zivilschutzverband** oder

b) im Fall der **Kriegsdienstverweigerung** zu einem **Ersatzdienst**

gem. Art. 12a Abs. 1 und 2 herangezogen sind, können im Verteidigungsfall durch Gesetz oder auf Grund eines Gesetzes zu **zivilen Dienstleistungen** für Zwecke der Verteidigung einschließlich des Schutzes der Zivilbevölkerung in **Arbeitsverhältnisse verpflichtet** werden.

Verpflichtungen in öffentlich-rechtliche Dienstverhältnisse sind nur zur Wahrnehmung polizeilicher Aufgaben oder solcher hoheitlichen Aufgaben der öffentlichen Verwaltung, die nur in einem öffentlich-rechtlichen Dienstverhältnis erfüllt werden können, zulässig (Art. 12a Abs. 3 Satz 1).

Diese Arbeitsverhältnisse können bei den Streitkräften, im Bereich ihrer Versorgung sowie bei der öffentlichen Verwaltung begründet werden; Verpflichtungen in Arbeitsverhältnisse im Bereich der Versorgung der Zivilbevölkerung sind nur zulässig, um ihren lebensnotwendigen Bedarf zu decken oder ihren Schutz sicherzustellen (Art. 12 a Abs. 3 Satz 2).

Kann im Verteidigungsfall der Bedarf an Arbeitskräften für die im vorstehenden Absatz genannten Bereiche auf freiwilliger Grundlage nicht gedeckt werden, so kann zur Sicherung dieses Bedarfs die Freiheit der Deutschen, die Ausübung eines Berufes oder den Arbeitsplatz aufzugeben, durch Gesetz oder auf Grund eines Gesetzes eingeschränkt werden (Art. 12 a Abs. 6).

Wenn im Verteidigungsfall der Bedarf an zivilen Dienstleistungen im zivilen Sanitäts- und Heilwesen sowie in der ortsfesten militärischen Lazarettorganisation nicht auf freiwilliger Grundlage gedeckt werden kann, so können auch **Frauen** vom vollendeten achtzehnten bis zum vollendeten fünfundfünfzigsten Lebensjahr durch Gesetz oder auf Grund eines Gesetzes zu derartigen **Dienstleistungen** herangezogen werden.

Sie dürfen aber auf **keinen Fall Dienst mit der Waffe leisten** (Art. 12a Abs. 4).

X. Beendigung des Verteidigungsfalles und Friedensschluß

Der **Bundestag** kann mit **Zustimmung des Bundesrates** jederzeit durch einen vom Bundespräsidenten zu verkündenden Beschluß den **Verteidigungsfall für beendet erklären**. Der Bundesrat kann verlangen, daß der Bundestag hierüber beschließt.

Der Verteidigungsfall ist unverzüglich für beendet zu erklären, wenn die Voraussetzungen für seine Feststellung nicht mehr gegeben sind (Art. 115l Abs. 2).

Über den **Friedensschluß** wird durch **Bundesgesetz entschieden** (Art. 115l Abs. 3).

Schrifttum

Abraham/Dennewitz u. a.	Kommentar zum Bonner Grundgesetz, seit 1950
Giese	Allgemeines Staatsrecht, 1949
Giese/Schunck	Grundgesetz für die Bundesrepublik Deutschland, 7. Aufl., 1965
Hamann	Das Grundgesetz für die Bundesrepublik Deutschland (Kommentar), 3. Aufl., 1968
Helfritz	Allgemeines Staatsrecht, 5. Aufl., 1950
Jellinek	Allgemeine Staatslehre, 3. Aufl., 1929 (Neudruck 1960)
Kelsen	Allgemeine Staatslehre, 1925 (Neudruck 1966)
G. Küchenhoff und E. Küchenhoff	Allgemeine Staatslehre, 7. Aufl., 1971
v. Laun	Allgemeine Staatslehre, 9. Aufl., 1964
Matz	Grundgesetz für die Bundesrepublik Deutschland und Besatzungsstatut, 2. Aufl., 1954
Maunz	Deutsches Staatsrecht, 21. Aufl., 1977
Maunz/Dürig	Grundgesetz, 2. Aufl., 1963
Schmidt/Bleibtreu/Klein	Kommentar zum Grundgesetz, 5. Aufl., 1980
Schmitt	Verfassungslehre, 1928 (Neudruck 1970)
Smend	Verfassung und Verfassungsrecht, 1928 (Neudruck 1954)
Staatslexikon der Görres-Gesellschaft,	6. Aufl., 1957—1969
Thoma	Grundriß der Allgemeinen Staatslehre, 1948
Waldecker	Allgemeine Staatslehre, 1927

Stichwortverzeichnis

(Die Zahlen geben die Seiten an)

A

B

D

E

F

G

H

I

K

L

M

N

O

P

Q

R

S

T

U

V

W

Z